世界は「仕掛け」で少しだけよくなる

バスケットゴールのついたゴミ箱

仕掛け 1

▶ 本文83ページ

ゴミ箱の利用が1・6倍

勇気の口

仕掛け 3

▸ 本文89ページ

手指消毒器の利用が4・8倍

大阪環状線総選挙

仕掛け 20

▶ 本文138ページ

階段利用者が7％増

思わせぶりなメッセージ

仕掛け 28

▶本文160ページ

万引きの被害額が18・4%減少

その積み重ねが、
世界を確実に変える

松村真宏
Naohiro Matsumura

実践 仕掛学

しかけがく／SHIKAKEOLOGY

問題解決につながるアイデアのつくり方

東洋経済新報社

実践仕掛学

問題解決につながるアイデアのつくり方

もくじ

3章 正論のジレンマ 47

おわりに 203

序文

仕掛けのレシピ

2016年9月に前著『仕掛学——人を動かすアイデアのつくり方』を世に出してから7年が過ぎた[1]。当時は自分たちで仕掛けをつくることはほとんどしておらず、もっぱら仕掛けの事例の収集にあけくれていた。収集した事例を整理して体系化することで、仕掛学という未開拓分野の全体像をあぶり出すことを試みていた。

その区切りとして出版したのが前著であった。幸い多くの人に読んでいただき、テレビや新聞などのマスメディアにもたびたび取り上げていただいたので、仕掛学の知名度を上げることができた。ゼミの学生たちによると、就職活動で仕掛学の話をすると企業の面接官が知っていることが多く、自分たちが取り組んだ仕掛けの話で盛り上がるそうである。

前著を出版してからは、自ら仕掛けを考案し、その検証に取り組むことを通して仕掛学の理解を深めることに邁進してきた。ゼミでの実験に加えて、さまざまな企業や行政とご一緒させていただくことで仕掛けの社会実装も進めることができた。2020年からコロナ禍が世の中を席巻し、仕掛けの実験がままならないときもあったが、考案した仕掛けの事例がたまってきた。その過程で、仕掛学についての理解も深まり、さまざまな発見があった。

その事例や発見を紹介するために本書を執筆した。前著では、著者が街中で見つけた仕掛けの事例を土台にして構成したので、仕掛けを身近に感じてもらえた一方で、物足りなさを感じた人もいただろう。その点、本書では新規の事例を45件掲載したので、満足してもらえることを期待している。

前著で紹介した仕掛けの原理は、料理でいうところの「さしすせそ」(砂糖、塩、酢、醤油、味噌の順に調味料を入れること)や切り方(輪切り、いちょう切り、みじん切りなど)、火加減、煮る、焼くといった調理方法に相当する、仕掛けをつくる上で知っておくべき基本的な知識である。しかし、調理方法を知っているだけでは、食材から美味しい料理をつくることはできない。

食材の下準備や調味料を入れるタイミング、火加減などを適切な手続きで調理して初めて素材の味や香りを引き立てることができる。つまり、美味しい料理をつくるにはレシピが必要になる。

仕掛けについても同様であり、仕掛けの原理を知っているだけではうまい仕掛けをつくるのは難しい。そこで本書では実践的な仕掛けのレシピになることを目指し、多くの事例を紹介することを心がけた。十分とはいえないが、現時点で出せる事例は惜しみなく載せたので、読者の参考になれば幸いである。

1章

仕掛学のおさらい

仕掛学のおさらい

5章で紹介する仕掛けの事例からわかるように、つい行動してしまうきっかけになるものを著者は「仕掛け」と呼んでいる。しかし、いざ仕掛けをつくろうと思ったときに、どうすれば仕掛けをつくれるのかわからないし、どのような勉強をすれば仕掛けをつくれるようになるのかもわからない。そこで、人の行動を促す仕掛けの体系的な理解を目指す学問分野として、仕掛学を提唱した[2]。

本章では前著『仕掛学』の内容をおさらいし、次章以降で新たに得られた知見と仕掛けの事例について述べる。

行動の選択肢

仕掛けは従来の行動の選択肢を残したまま、新たな行動の選択肢を追加するものである。「大阪環状線総選挙」（仕掛け20、138ページ）の例でいうと、エスカレーターという従来の選択肢に、投票できる階段という新たな選択肢を追加したことになる。従来の行動の選択肢を残すのは、行動変容を強要しないようにするためである。階段で投票できるからといって、階段を使わないといけないわけではない。興味を持ってくれた人だけが階段を使えるようにすることで、仕掛けを無理なく社会に導入することが可能になる。

行動変容を強要することは実は簡単である。従来の行動を取れなくすればよい。たとえば、エスカレーターではなく階段を利用してもらいたいのなら、エスカレーターを止めてしまえばよい。ヘルシーな食事を摂ってほしければ、ヘルシーな食事しか提供しなければよい。もしくは、ルールや罰則を追加するアプローチもある。ポイ捨て問題をなくすためにポイ捨てを禁止する条例を定めることは実際に行なわれているし、軽犯罪法第1条27号の違反にもなる。

しかし、これらはいずれも相手を不快にさせるアプローチであり、避けられるなら避けるべきであろう。したがって、仕掛学では従来の選択肢は残しつつ、それよりも魅力的な選択肢を用意することを考える。

人には変化を避けたり未知のものを避けたりする「現状維持バイアス」[3]がある。したがって、基本的には従来の行動が選ばれ、新たな行動は選ばれにくい。新たな行動はわざわざ選びたくなるような工夫が必要になる。

FAD要件

仕掛けという言葉は日常的にもよく用いられる言葉なので、仕掛学における「仕掛け」なのかどうかを区別できる基準が必要になる。そこで仕掛学では、仕掛けが満たすべき要件として、公平性（Fairness）、誘引性（Attractiveness）、目的の二重性（Duality of purpose）の頭文字をとったFAD要件を提唱している[1]。

公平性は、仕掛けによって誰も不利益を被らないことである。誰かが損をするものは仕掛けではない。詳細は3章で述べるが、仕掛けは利己的な目的と利他的な目的を同時に満たすものなので、自分だけが便益を得ているようでいて実は他人も便益を得る仕組みになっている。また、仕掛けはネタバレ推奨（これも詳細は3章で述べる）なので、ネタバレしたときに不快感を与えないことが重要である。これらの要件を満たす前提として公平性が必要になる。

誘引性はついしたくなる性質を備えているということである。仕掛けは新しい行動の選択肢を追加するが、ついしたくなる要素がなければ選ばれない。マジックハンドでポケットティッシュを配る（仕掛け24、150ページ）と受け取りたくなるのは、誘引性があるからである。なお、「誘引」は人を誘い入れること、「誘因」は誘引の原因であり、意味が異なるので使い分けている。よく間違われるが、仕掛学では「誘引性」を用いる。

目的の二重性は、仕掛ける側と仕掛けられる側で目的が異なるということである。マジックハンド配りの場合、仕掛ける側の目的は広告したい（のでポケットティッシュを受け取ってほしい)、仕掛けられる側の目的はマジックハンドで配っている理由が気になる(のでポケットティッシュを受け取ってみたい)、となり両者は異なる。しかし、どちらの目的であっても結果的にポケットティッシュを受け取るという行動は同じになる。

このような、一見すると目的は異なっているが結果的に同じ行動を取るときに目的の二重性があるという。つまり、目的の二重性は与えられた問題を別の問題にすり替えることで解きやすくするアプローチであるといえる。

当初から仕掛けを意図して作られたものでなくても、結果的にFAD要件を満たしていれば仕掛けと見なすことができる。前著で仕掛けの事例として紹介したホームベーカリーは、家庭でパンを作るための電化製品である。しかし、タイマーをセットして朝にパンが焼き上がるようにすれば、その匂いにつられて心地よく目が覚めるので目覚まし時計としても使える。FAD要件を満たしているので、ホームベーカリーは仕掛けであるといえる。

私たちがまだ気づいていないだけで、身近なところにさまざまな仕掛けが潜んでいる。著者は大阪大学一年生向けの全学共通教育科目「学問への扉」で仕掛学を教えており、街中からＦＡＤ要件を満たす仕掛けを探すという課題を課している。講義の最終回には、履修者が見つけてきた仕掛けの事例をまとめて「仕掛け１００連発！」として発表してもらっている。

ＦＡＤ要件と多少のコツさえつかめれば、誰でも仕掛けを発掘できるのである。

仕掛けの原理

仕掛けの原理を探るために１２０件の仕掛けを分類して体系化したところ、図１に示すように仕掛けは大分類2種類、中分類4種類、小分類16種類の要素の組み合わせから構成されることがわかった[1]。

大分類の「物理的トリガ」は物体によって知覚される刺激もしくは想起される記憶、

「心理的トリガ」は人の内面に生じる心理的な働きのことである。物理的トリガによって引き起こされた心理的トリガによって行動が生じると考えられる。以下では各分類について簡単に説明する。

〈物理的トリガ〉

物理的トリガには「フィードバック」と「フィードフォワード」がある。フィードバックは、人の行動に対する反応が聴覚、触覚、嗅覚、味覚、視覚からなる五感を通して得られる刺激のことである。フィードフォワードは、人が行動を起こす前に想起される記憶のことである。

〈フィードバック〉

鉛筆で字を書くときに手に伝わってくる振動は触覚を刺激する。その振動があることで力の入れ具合や線の太さなどの微妙なコントロールが可能になる。

有馬温泉にあるお金を入れると故坂本九氏の名曲「上を向いて歩こう」が流れる賽

図 1　仕掛けの原理

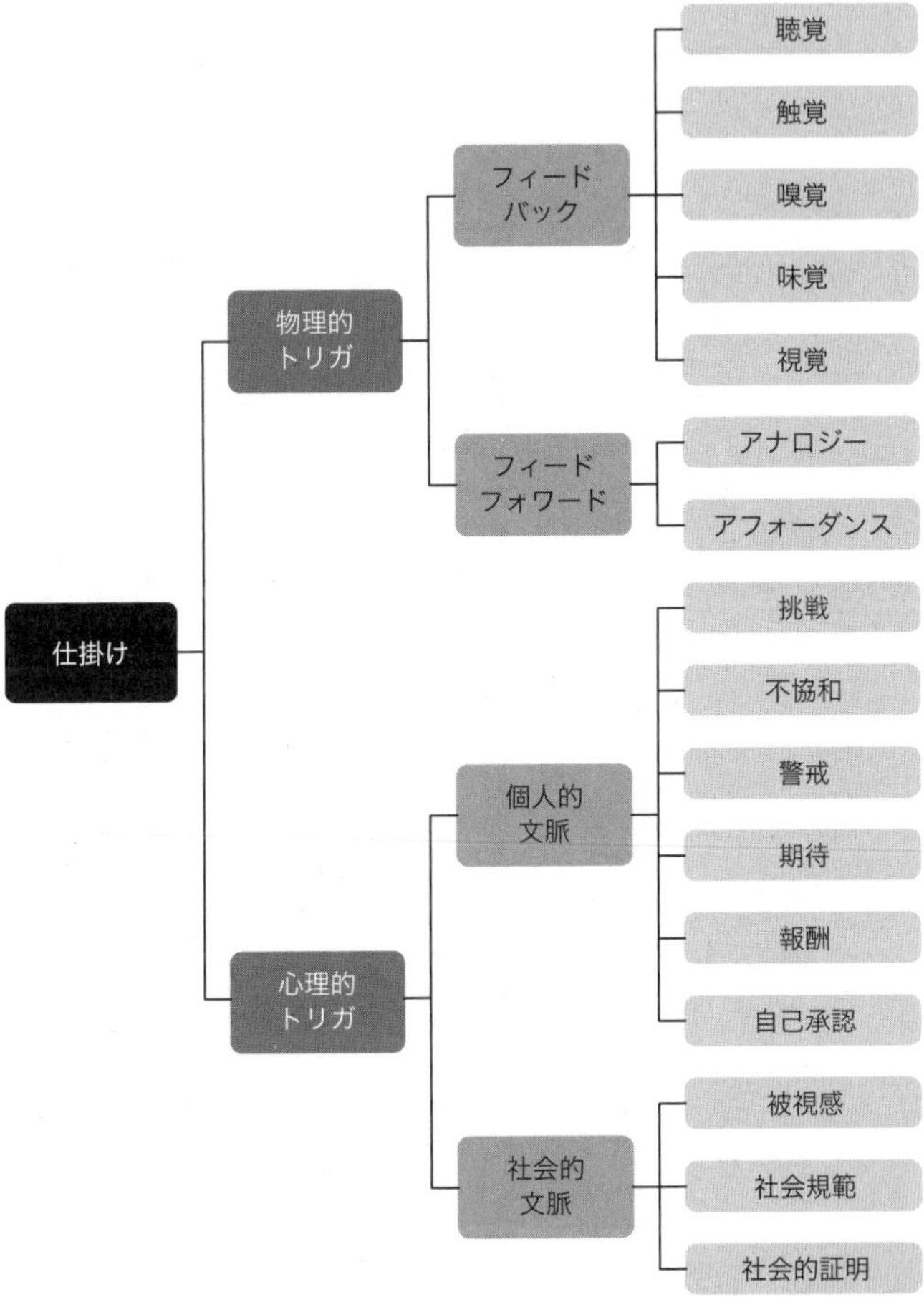

（『仕掛学』図 3 を一部改変）

銭箱は聴覚を刺激する。本当に曲が流れるのか気になるので、お賽銭を入れたくなる。

前述した焼き立てのパンの匂いを利用するホームベーカリーは嗅覚を刺激する。

宝塚市の花のみちの「嘘つきが口の中に手を入れると目が光る」という「真実の口」は視覚を刺激する。なかなか光らないので、何度も手を入れて光らせたくなる。

試飲して日本酒の銘柄を当てて楽しむ利き酒や、最も高価なワインを当てる利きワインは味覚を刺激する。

このようにフィードバックは五感を刺激するので、直接的でわかりやすいという長所がある。しかし、行動を起こさないとフィードバックは得られないので、行動を起こす前に何かが起こりそうだと期待させる必要がある。そのために必要なのが記憶によるフィードフォワードである。


〈フィードフォワード〉

鍵盤に見立てた階段がピアノを想起させる「ピアノ階段」という仕掛けがある。ピアノ階段を見た人は、階段を踏むと音が鳴るかもしれないと期待するので、ついつい階段をのぼってみようという気になる。これは、ピアノを知っているからこそ得られる、記憶によるフィードフォワードである。実際に階段を踏むとピアノの音が鳴るので、聴覚のフィードバックも得られる。

また、ピアノ階段とピアノの類似性から機能を類推することを「アナロジー」という。アナロジーは人の知識や経験を利用するので、見たことや聞いたことのないものは利用できない。ピアノを知らない人は、ピアノ階段を見てもただの模様だと思うだけで、音が鳴ることを期待することはない。

知識や経験がなくても、見ただけで使い方がわかるものもある。たとえば、固くて平らな場所があれば、座ったり、その上に立ったり、物を置いたりできることは、知識や経験がなくてもわかるだろう。このような、見ただけで使い方がわかる特徴のことを「アフォーダンス」という。

ただ、我々は日々の生活の中でさまざまな使い方を学習しているので、アフォーダンスの要素があったとしても知識や経験によって上書きされている。椅子には座ることができるというアフォーダンスが備わっているが、普段から椅子を使っているので、後天的に学習した使い方が支配的になる。

このように、物理的トリガは五感によるフィードバックと記憶によるフィードフォワードをうまく利用することで、何かが起きそうだと期待させる。その要因を整理したものが、仕掛けの原理のもう一方の要素である心理的トリガである。

〈心理的トリガ〉

心理的トリガは、自分の内面から生じる「個人的文脈」と、社会的な状況から生じる「社会的文脈」に分けることができる。個人的文脈は、「挑戦」「不協和」「警戒」「期待」「報酬」「自己承認」からなる。社会的文脈は、「被視感」「社会規範」「社会的証明」からなる。

〈個人的文脈〉

「挑戦」はその名の通り挑戦したくなることである。バスケットゴールを見るとシュートしたくなるといったことである。簡単すぎても難しすぎても面白くないので、ちょうどよい難易度にする必要がある。

「不協和」は違和感を解消したくなることである。商品の展示棚を格子枠にすると手にとった商品を空きスペースに戻してくれるようになり、補充すべき商品も一目瞭然になるといったことである。

「警戒」はよくないことが起こりそうなときに備えることである。外食するときに食事のメニューにカロリーが記載されていると、体重を気にしている人の選択に影響を及ぼすといったことである。

「期待」はその逆で、楽しいことが起こりそうなときにワクワクすることである。ピアノ階段を見るとのぼりたくなるのは、ピアノの音が鳴るのか気になるからである。

「報酬」には楽しいからやるといった内発的動機や、褒められるといった非金銭的な外発的動機を利用する。報酬の設計は注意を要するので、4章で詳しく述べる。

「自己承認」は自分らしくありたいという欲求のことである。自分を磨くための知識や技術の習得、有言実行する態度といったことである。

〈社会的文脈〉

「被視感」は誰かに見られているような気がすることであり、人の注意をひくことや、社会的に望まれている行動を促進することが知られている。本当に見られている必要はなく、そう感じるだけでよい。

「社会規範」は社会的に合意された、遵守することが求められるルールのことである。コンビニやスーパーのレジの前にある足跡は、列に並ぶ人が立つべき場所を示す社会規範を目に見える形で表したものである。足跡の上に立たないと社会規範から逸脱していることを周りの人に知られてしまうので、正しく並ぼうという気にさせる。

「社会的証明」は人々の行動によって浮かび上がってくる社会現象のことである。行列ができているお店は人気がある、交差点で人が溜まっていればもうすぐ信号が変わるなどはその一例である。

個人的な文脈は何かが起こることを期待させるものなので、何が起こるのかがわかってしまうと飽きられやすくなる。一方、社会的な文脈はそういった期待を抱かせるものではないので、飽きられにくいという違いがある。

以上が仕掛けの原理の概要である。物理的トリガおよび心理的トリガは、仕掛けを設置する状況や目的、対象となる人に応じて適切に使い分ける必要がある。

2章

そそる仕掛け

優先順位を高める

行動しない理由を尋ねると、興味がない、やり方がわからない、面倒だ、時間がない、お金がない、などいろいろ挙がる。しかし、本当にしたいことであれば、自分でやり方を調べたり、予定をやりくりして時間を捻出したり、お金を貯めたりして努力するだろう。

結局のところ、行動しないのはすべて優先順位の問題である。優先順位が低いから、いろいろとできない理由を挙げているにすぎない。

したがって、できない理由を解決することは問題解決の本質ではない。やり方がわかり、お金も時間もあったとしても、したくないことをする人はいない。すべての問題が解決したとしても、したい理由がなければ人は行動しない。ボトルネックを列挙してそれを解消しても行動は起きない。

仕掛けは、したい理由をつくってあげることで、優先順位を高めるものである。優先順位さえ高くなれば、あとは行動できるまで自分でやりくりして、さまざまな阻害要因をすっとばしてくれるだろう。

著者は、行動の選択肢を魅力的に見せることを「そそる」と呼んでいる[4]。

そそる仕掛けは、場合によっては面倒になったり、余計に時間がかかったりすることもある。しかし、したいこととのトレードオフなので、したいことの優先順位が十分に高くなれば問題ない。ゴミ箱にバスケットゴールをつけると利用者数が増えた（仕掛け1、83ページ）のは、ゴミを入れにくくなる面倒さよりもシュートしたくなる気持ちが勝り、優先順位が高くなったからである。

そそる仕掛けの条件

仕掛けが「そそる」ための条件は、何か楽しいことが起こりそうだと人に期待させることである。見たことも聞いたこともないものを見てもそういう期待は起きようがないので、期待してもらうための何かしらの手がかりが必要である。

その手がかりの一つは、我々の過去の経験や体験に基づく遊び心である。

たとえば、ゴミ箱の上にバスケットゴールをつけると、ゴミをボールに見立ててシュートする人が現れるので、結果的にゴミ箱の利用者が増える〔5〕。これは、過去にバスケットボールで遊んで楽しかった経験や体験がバスケットゴールを見たときによみがえり、そそられるからである。バスケットボールで遊んだことのない人にはその効果が弱いだろうし、バスケットボールを知らない人には全く効果がないだろう。

過去の経験や体験を利用するということは、学習済みの行動を利用しているともいえる。アメとムチで行動を学習させるアプローチ[*1]は学習に手間と時間がかかるので、通行人を学習させることはできない。しかし、仕掛けは通行人が既に学習しているであろうことを利用するので、通行人にもすぐに適用できる。

過去の経験や体験は、生まれ育った環境や文化の影響も大きい。関西人であれば、毎週土曜日のお昼に放送されている吉本新喜劇や551HORAIのテレビコマーシャルを知らない人はいないだろう。したがって、関西人を対象とする場合には、吉本新喜劇のギャグを想起させるようなものやテレビコマーシャルを想起させるようなものでも使える手がかりになる。

　環境や文化は国によっても異なる。日本では家に入るときに靴を脱ぐが、世界を見渡すと靴を脱がない国も多い。日本ではご飯を食べる前に「いただきます」というが、これに直接対応するような言い回しは世界にはあまりない。車が左側通行の国もあれば、右側通行の国もある。ご飯が主食の国もあれば、パンやジャガイモが主食の国もある。野球や相撲が人気の国もあれば、クリケットやセパタクローが人気の国もある。対象とする人の環境や文化に応じて使える手がかりは変わる。

　また、そそる仕掛けの発動のしやすさは、仕掛けの設置場所や対象者の属性といった状況によっても変わる。たとえば、通勤途中の人より散歩中の人のほうが仕掛けに反応してくれやすい、一人でいるときより友達と一緒のときのほうが仕掛けに反応してくれやすい、大人より子供のほうが仕掛けに反応してくれやすい、歩きスマホをしている人には何を仕掛けてもなかなか気づいてもらえない、などである。

＊一1　オペラント条件づけ［6］と呼ばれている。

まとめると、そそる仕掛けの条件には、過去の経験や体験に基づく遊び心と、仕掛けを設置する状況の2つがあり、両者が同時に満たされたときに最大の効果を発揮するといえる。

3秒ルール

「間違い探しポスター」(仕掛け23、147ページ)のところで述べるが、ほとんどの人はポスターに目を向けないし、目を向けたとしても3秒程度しか見ない。ポスターに限らず仕掛けを設置したときも、この3秒が勝負になると考えている。

3秒以内に興味を持ってもらうためには、見た瞬間に興味をひきつけることが重要になる。バスケットゴールのついたゴミ箱が通行人の興味をひくのは、多くの人が体育の授業などでバスケットボールで遊んで楽しかった記憶があるからである。バスケットゴールを見た瞬間にそのときの楽しかった記憶が想起されるので、やってみたいという気にさせる。

目を向けさせるだけなら、派手なものや珍しいものを置いてもよいが、それだけだと仕掛けにはならない。仕掛けは問題解決につながる行動を促すものであり、行動につながらないものは仕掛けではないからである。

バスケットゴールの場合は、見た瞬間にボールを投げ入れるという行動が想起される。投げ入れるという行動とゴミ箱とが組み合わさることで、ゴミをバスケットゴールに投げ入れるという行動に容易に結びつく。その結果として、ゴミをシュートするという行動が促されるのである。

3秒で読める文字数なんてたかが知れている。[*2] 見た瞬間に興味をひきつけ、特定の行動と結びつくためには、既に使い方を知っているものを利用するのが一番簡単である。したがって、仕掛けは人の過去の記憶や体験に訴えかけるものを利用することが多い。見た瞬間に記憶と結びついた行動が想起され、そそられるからである。

なお、3秒ルールにも例外はある。立ち止まることが強いられる場所、たとえば電

*2　映画の字幕には1秒につき台詞4文字以内という基準がある。

車の中やエレベーターの中、信号待ちをしているとき、行列に並んでいるとき、レストランで料理を待っているときなどである。そういう場面では3秒を超えるアプローチも可能なので、仕掛けを設置する状況に合わせて検討する必要がある。

リスク・ホメオスタシスから抜け出す

ドリルを買う人はドリルが欲しいのではなく穴を開けたいのだ、という「ドリルの穴理論」がある[7]。これは社会一般の問題についても当てはまり、問題だと思っていたことが本当の問題ではなかったことはよくある。

たとえば、朝起きられないという問題があったとする。この問題へのよくある解決策は、アラーム音のうるさい目覚まし時計に買い替えるか、目覚まし時計を複数設置するなどになるだろう。

しかし、寝る時間が遅いことが本当の問題だとすると解決策も変わってくる。通勤時間が長くて寝る時間が遅くなるのなら、会社の近くへの引越しを検討したほうがよい。残業が多くて寝る時間が遅くなるのなら、社内に何かトラブルが起きているのかもしれないので業務状況を見直す必要がある。毎晩晩酌をして寝る時間が遅くなるのなら、その時間を早める工夫を考えたい。

このように、朝むりやり起こす対症療法に対し、問題の原因を特定して対処する根本療法では、解決策は全く異なったものになる。しかし、根本療法でも問題を解決できるとは限らない。ここに大きな落とし穴がある。

人がリスクのある行動をするのは、何らかの利益を期待するからである。したがって、リスクが軽減されると、より多くの利益を得るためにリスクのある行動を取るようになる。たとえば、自転車に乗るときにヘルメットを着用すると安全性が向上するので、より危険なスピードで自転車に乗るようになる。このようなリスクを一定のレベルに保つ傾向は「リスク・ホメオスタシス」と呼ばれている[8]。

寝る時間に関しても同様のことがいえる。図2に示すように、何らかの解決策により時間に余裕が生まれると、遅くまで残業したり晩酌が長くなったりするリスク・ホメオスタシスが生じる可能性がある。つまり、いくら問題の解決策を考えたとしても、

図2 リスク・ホメオスタシスの例

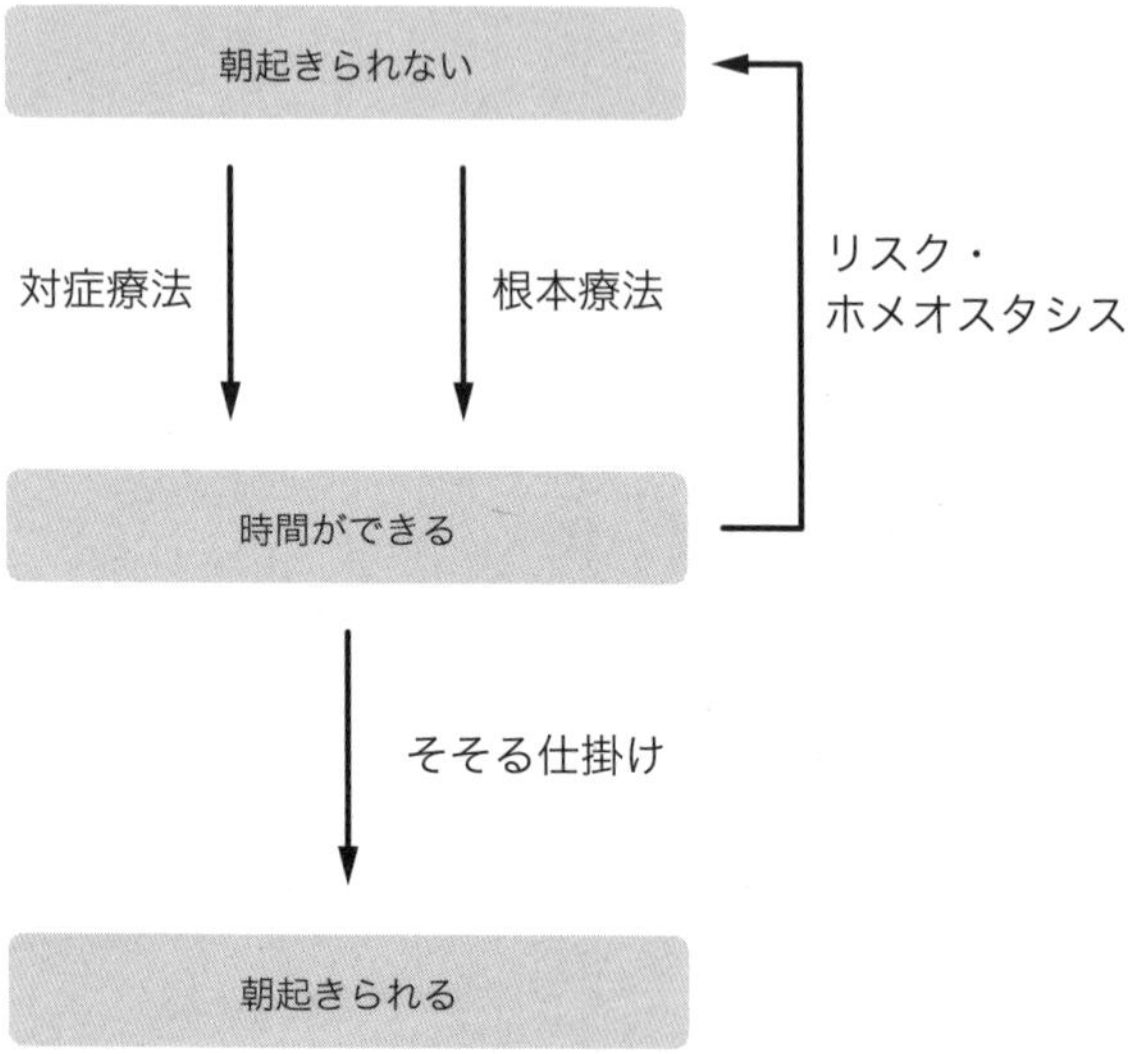

期待する利益の矛先を変えない限り、問題は再生産されるのである。したがって、朝の澄んだ空気の中での散歩や、朝の静かな時間に行なう瞑想、自分の趣味に費やすなど、朝したくなることに意識を向けさせるといったそそる仕掛けによって、リスク・ホメオスタシスから抜け出す必要がある。

無関心層へのアプローチ

行動変容の分野でよく引用されるProchaskaの行動変容ステージモデルでは、対象者の状態を無関心期、関心期、準備期、実行期、維持期の5つのステージに分けた上で、無関心期から順に移行していくようにアプローチする[9]。しかし、聞く耳を持たない人には何をいっても馬耳東風なので、無関心期の人には基本的にはなす術《すべ》がなかった。肥満が健康に及ぼす悪影響をいくら訴えかけても、健康に無関心な人には届かない。

一方、仕掛学では目的を二重化し、対象者が興味を持ってくれそうな観点からアプ

図3 行動変容ステージモデルと仕掛けとの関係

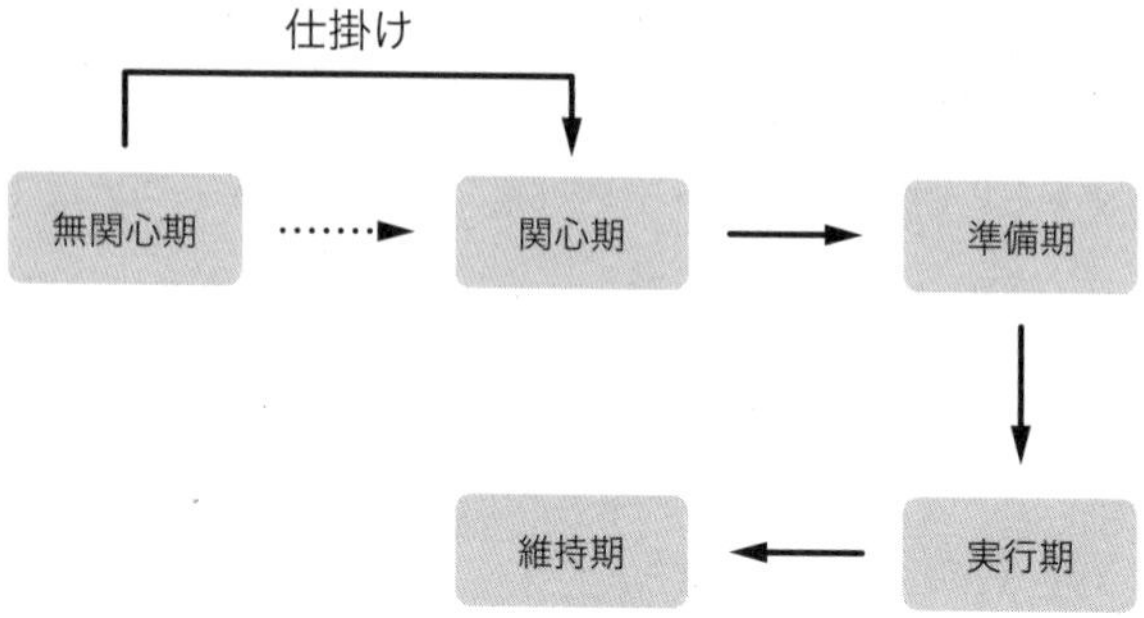

ローチする。これにより、図3に示すように無関心期にいる人に対しても効果を期待できるのが、仕掛学のアプローチの大きな特徴である。

著者が聞いたある会社の事例を紹介する。[*3] この会社では、スポーツバイクを購入して社員に貸与できるようにしたところ、それまで運動には興味がなかった社員が借りて自転車通勤を始めた。すると、満員電車に乗る必要がなくなるだけでなく、体を動かすことで気分も爽快になり、さらには体重減少にもつながるといいことずくめであることに気づく。

すっかり自転車通勤に魅了され、最終的には借りていた自転車を返却して自分の自転車を購入し、自転車通勤を続けたそうである。

この事例のように、実際にやってみるまでのハードルが高い。実際にやってみるとその魅力に気づくが、無関心期にいる人は実際にやってみるまでのハードルが高い。しかし、自転車通勤をしましょうと呼びかけるだけでは動かなかった人でも、スポーツバイクに乗れるならやってみようと思う人はいる。そこを仕掛けで狙うのである。

仕掛けとユーモア

仕掛けは社会の課題を解決するものなので、社会に受け入れられる必要がある。しかし、仕掛けといたずらは紙一重なので、ひょっとすると仕掛けを見て気分を害する方がいるかもしれない。この由々しき事態を避けるための秘策は、仕掛けが内包する

＊3　第11回LINK-Jネットワーキング・ナイトWITH SUPPORTERS（2018年2月15日［木］）。

ユーモアにある。

ユーモアは人を和ませるおかしみのことであり、面白みや笑いを誘うものである。ユーモアを備えていれば、少々変わったものを置いても肯定的に受けとめてもらいやすい。マジックハンドでビラ配りなんてふざけていると思われるかもしれないし、不快に感じる人もいるかもしれない。しかし、マジックハンドで配るという滑稽さがユーモアを生み出しており、実験した際もクレームは一切出なかった。

ユーモアがあると仕掛けが社会に受け入れられるだけでなく、これまでスルーされていた問題に関心が向けられるきっかけにもなる。仕掛けで解決しようとする問題は、頭ではわかってはいるけれどスルーされてしまうものが多い。バスケットゴールのついたゴミ箱が単に面白いから設置されているのではなく、ポイ捨てを減らすという目的があることが明らかになることによって、ポイ捨て問題への問題提起にもなる。

もちろんユーモアは免罪符ではないので何でも許されるわけではなく、ユーモアが万人受けするわけでもない。しかし、前述したようにユーモアは仕掛けを社会に実装する際の大きなメリットになる。

仕掛けとナッジ

仕掛けは行動経済学のナッジ[10]とよく混同されるので、ここで整理しておく。どちらも行動変容を促すという目的は共通しているが、図4に示すようにそのための手段や思想が異なっている。

仕掛けは遊び心を利用するのに対し、ナッジは人間の意思決定の癖（認知バイアス）を利用して行動を促すアプローチである。

ナッジの最も成功した事例の一つに、臓器提供意思（表示）カードがある[11]。国によって臓器提供の意思表示の方法は異なっており、提供する意思がある人がチェックを入れる形式（オプトイン）と、提供する意思がない人がチェックを入れる形式（オプトアウト）がある。多くの人はわざわざチェックを入れないため、初期設定（デフォルト）がナッジされることになる。その結果、後者のオプトアウトのほうが臓器提供者が多くなる。

図4 仕掛けとナッジの違い

仕掛け	ナッジ
・遊び心を利用	・認知バイアスを利用
・積極的な行動の選択	・消極的な行動の選択
・特定の人が対象	・すべての人が対象
・リバタリアン・オルタナティビズム	・リバタリアン・パターナリズム
・物理的介入	・概念的介入
・そそる	・つつく

日本においても宿直者の翌日の休暇取得をデフォルトにし、出勤したいときは申請しないといけないオプトアウトにすることで休暇取得者が3倍近くに増えた事例がある[12]。

ナッジは個々の自由を最大限に尊重しようとする思想（リバタリアニズム）に基づいてはいるものの、デフォルトのような認知バイアスを利用して行動を促すアプローチなので、無自覚的であり消極的な行動の選択になる。

一方、仕掛学もリバタリアニズムの思想に基づいているが、遊び心を利用して行動を促すアプローチなので、自覚的であり積極的な行動の選択になる。

また、ナッジは人々の選択に介入して福祉を改善しようとする思想（パターナリズム）に基づいているので、すべての人々の行動を変えることが社会的に望ましいと考えている。したがって、ナッジは行政が国民や市民に対して行なう施策と相性がよい。

一方、仕掛学は選択肢を追加して福祉を改善しようとする思想（オルタナティビズム）に基づいており、仕掛けに興味を持った特定の人々が行動を変えればよいと考えている。したがって、仕掛けは身の回りの問題や組織内の問題といった特定の人や場所を対象とする問題にも活用できる。

また、仕掛けは物体を用いて物理的に介入するのに対し、ナッジは情報の提示方法を工夫することで概念的に介入する。


以上の特徴から、ナッジはよく「つつく」と表現されるのに対し、仕掛けは「そそる」と表現できる。「つつく」はそっと促すのに対し、「そそる」にはしたいという欲求が含まれているところが大きな違いである。

ここでは特にナッジを取り上げたが、行動変容のアプローチは他にも行動分析学、アフォーダンス、アーキテクチャ、法律などさまざまある。本書を通して、行動変容のアプローチの一つとして仕掛学を知っていただければ幸いである。

3章

正論のジレンマ

ポイ捨て禁止の看板

ポイ捨ては犯罪です!
不法投棄者を目撃された場合は警察へ通報してください
不法投棄した者は懲役刑もしくは罰金刑又は併科に科せられます
Illegal dumping is a crime!
ごみのポイ捨て禁止!
ごみは持ち帰って下さい
鴨川を美しくする会
京都府京都土木事務所
京都市環境政策局
京都府中京警察署
京都府下京警察署

ポイ捨て禁止の看板

まずは写真を見ていただきたい。この写真から何を想像するだろうか。大きなポイ捨て禁止の看板が立っているのにゴミが散乱しているので、この看板はあまり効果がないと思ったかもしれない。

しかし、事実は想像よりも奇なり。ポイ捨て禁止の看板を設置したら翌朝ゴミだらけになったときの写真なのである[13]。

おそらく多くの読者は意外に思ったに違いない。看板を設置したからといってゴミがきれいさっぱりなくなることはないとしても、少なくとも減ることは間違いないと思ったことだろう。大きく「ごみのポイ捨て禁止！」と書かれているのにポイ捨てが増えるなんて理屈が通らない。

なぜこのようなことが起こったのだろうか。

ポイ捨てがよくないことは家庭や学校やマスメディアなどを通して散々聞かされるので、ポイ捨てをしている当人も当然知っているはずである。しかし、世の中にはルールを守らない人が一定数いるので、その人たちがポイ捨てをしているのである。とはいえ、そのような人でもゴミ一つ落ちていない場所にはゴミを捨てづらいので、ポイ捨てしやすい場所を探す[14]。そのときに手がかりになるのがポイ捨て禁止の看板である。

注意書きの看板や貼り紙は問題が発生している場所に設置されるので、ポイ捨て禁止の看板のある場所はポイ捨てされている場所を示している。したがって、この看板の近くまでわざわざやってきてゴミを捨てていった結果、ゴミだらけになったのだと考えられる。

以上から得られる教訓は、正論は通じない、ということである。

正論が通じる人はそもそも最初からポイ捨てをしない。正論の通じない人がポイ捨てをするので、そのような人に対して正論を訴えて行動を変えようとするのは筋が悪い。ポイ捨て禁止の看板の事例は、このことを見事に示している。

ところで、本件は違った見方もできる。それまでは辺り一面に散らばっていたゴミがこの看板の近くに集まってきたわけなので、周囲のゴミは減っているはずである。また、掃除する人にとっても仕事が少し楽になったといえなくはない。そう考えれば、この結果は必ずしも失敗だとはいえない。これについては倫理的な観点からの議論になるので、詳しくは本章の倫理ガイドライン（62ページ）で述べる。

正論のジレンマ

世の中は正論で溢れている。正論は筋が悪いと薄々感じていても、採用される案は正論ばかりである。それはなぜか。正論はそれ自体は正しいので、否定しづらいからである。このことを著者は「正論のジレンマ」と呼んでいる。

間違っていないことを否定するのは難しい。したがって、新しい案を示した上で、正論よりも新しい案のほうが期待できることを示すしかない。当然、新しい案にはリスクがともなうので、最初は小規模に展開してその効果を検証するところから始め、うまくいきそうであれば規模を拡大していけばよい。

前例があると簡単に案が通ることも正論が採用される大きな理由である。組織において前例のない意見を出すと、その理由を資料にまとめて会議に諮り、承認されなければならない。前例のない案であれば最悪の場合を想定した否定的な意見が出やすいので、それに対して納得してもらえる回答をする必要がある。しかし前例があれば、そういった議論は既に検討されたことと見なされて承認されやすい。

正論は筋が悪いことに気づいていない場合もある。正論が出たことで思考停止してしまい、実際に効果があったのかどうかまで気にしないことが多い。正論の効果をきちんと示すことは、正論の限界に気づいてもらう上で重要である。

街中でよく見かける「トイレはきれいに使いましょう」の貼り紙を例として考えてみる。この貼り紙の文言そのものは正しいことを述べていて、どこにも間違いはない。

しかし、この貼り紙がないからといってトイレの床で用を足すような人はいない。貼り紙がなくてもきれいに使っているし、「きれいに使いましょう」といわれても具体的に何をどうすればいいのかわからない。

貼り紙を貼っても貼らなくても行動が変わらないのであれば、これも正論のジレンマということになる。

トイレのどこを狙えばいいのかについては、「的《まと》のシール」によって解決できる。飛散が最小になる場所に的のシールを貼るので、的を狙うことが結果的にトイレをきれいに使うことになるという仕掛けである。しかし、この仕掛けも実は正論のジレンマに陥っている可能性がある。オランダのスキポール空港のトイレで飛散が80％減ったという前例があることから日本でも広まった仕掛けであるが、実はこれには一つ落とし穴がある。

スキポール空港の小便器は開口部が斜め上に開いたボウルのような形状である。一方、日本にある一般的な小便器は開口部が垂直に切り立っており、上部は水が出るスプレッダーとセンサーがついているので出っ張っている。したがって、日本の小便器に的のシールを貼ると、一歩下がってトイレから離れないと的が見えづらい。小便器に近づくほど飛散は減るといわれているのに一歩下がることになるため、トイレの的のシールは日本では正論のジレンマになっている可能性がある。

トイレの例が続いたので、別の例として「小さな鳥居」を紹介する。小さな鳥居を置くことでポイ捨てが減るという街中でよく見かける仕掛けである。効果があったという報告もあるが、著者らが行なった実験では予想と異なる結果になった。

大阪大学豊中キャンパスの最寄り駅である石橋阪大前駅の駅前に空き缶やタバコのポイ捨てが多い場所がある。そこに小さな鳥居を置いたところ、次ページの写真のように鳥居の柱に空き缶が突っ込まれ、ゴミの量も減らなかった。

駅前は飲食店がひしめいており、鳥居に空き缶を突っ込んだのはおそらく酔っ払いの仕業だと思われるが、小さな鳥居を設置すればポイ捨てが減ると思っていたことは正論のジレンマだった可能性がある。なお、小さな鳥居に日めくりカレンダーをつけたり、小さな鳥居の横に花を挿した花瓶を置いたりするとポイ捨てを減らすことに効果があった（仕掛け12、117ページ）。これは毎日世話している人がいるという「見

いたずらされた小さな鳥居

えざる人の存在」を想起させたためだと考えている。

正論や常識が必ずしもいつも正しいわけではない。正しそうなことほど正論のジレンマに陥りやすいので、そういった可能性も考えつつ行動することが大事である。

無用の用

仕掛けは従来の行動の選択肢を残したまま新たな行動の選択肢を追加するものなので、わざわざ余計なものを追加していると見なすこともできる。

たとえば、ゴミ箱の上にバスケットゴールをつけてもゴミ箱の機能は変わらないので、バスケットゴールは余計なものだといえる。しかし、バスケットゴールをつけることで結果的にゴミ箱の利用者が増える仕掛けになる。

「自動紙飛行機折り機」（仕掛け8、105ページ）では、いったん回収したアンケートの回答用紙を自動紙飛行機折り機にセットしてもう一度回収している。同じ回答用紙を二度回収するという余計なことをしているにもかかわらず、より多くの回答用紙を回収できるところにこの仕掛けの妙がある。

一般的には無駄は削ぎ落とすことがよしとされる。しかし、無駄だと思われるものが大切な役割を果たすこともある。特に人を対象とする場合、無味乾燥な単純作業よりも刺激的で複雑な作業のほうが創意工夫を楽しみながら取り組めることもある。

仕掛けは無用の用[*4]だといえるだろう。

ネタバレの美学

悪巧みはネタバレしたら効果がなくなる。しかし、悪巧みではなく遊び心で人を動かす仕掛けの場合はどうだろうか。

実は、仕掛けはネタバレしてこそ効果を発揮すると考えている。仕掛けはネタバレすることで仕掛けに隠されていた本来の目的が明らかになり、それに自分が貢献して

*4　一見、何の役にも立たないようにみえるものが、かえって大切な役割を果たしていること（スーパー大辞林）。

いることに気づくからである。

仕掛けには仕掛けられる側の目的である「表の目的」と、仕掛ける側の目的である「裏の目的」という目的の二重性がある。ネタバレするということは裏の目的が明らかになるということであり、これが巧みであれば「なるほど、一本取られた！」となって面白さが増す。

仕掛けには公平性があるので、ネタバレしても誰も不快にならないことも重要である。仕掛けの要件として公平性を挙げているのは、ネタバレすることを前提としているからである。

正論は筋が悪いことは既に述べたが、最終的には正論を理解してもらう必要がある。その行動が道理にかなっていることや社会的正義があることを理解してもらい、仕掛けがなくなっても望ましい行動を取るようになってもらいたいからである。

行動を変えさせるために正論を使うのは筋が悪いが、これは正論を伝えるタイミングが悪いのである。望ましい行動をしていない人にむかって正論を伝えると、非難しているように受け取られてしまう。しかし、望ましい行動をしている人にとっては、正論は自分の行動が承認されることと等しいので、容易に受け入れてもらえるだけでなく、望ましい行動が強化され定着する[15]。そうなると、仕掛けがなくても望ましい行動を取るようになることが期待される。

したがって、正論を伝えるのに適切なタイミングは、仕掛けによって望ましい行動に変わったときになる。

では、どうやって正論を伝えればいいのだろうか。実はネタバレを利用するのである。裏の目的こそ仕掛ける側が伝えたかった正論なので、ネタバレすることで正論が相手に伝わる。

たとえば、「勇気の口」（仕掛け3、89ページ）は、手を入れるまでは何が起こるかわからないが、手にアルコール消毒液が噴霧されたときに初めて手指消毒を目的としていたことに気づく。その意外な関係に気づいたときに驚きとともに納得もできるので、素直に受け入れられるのである。

望ましい行動に変わったときにネタバレするような絶妙な仕掛けが最上の仕掛けであり、ネタバレしない仕掛けは二流の仕掛けといえる。これを計算して生み出すことは容易ではないが、仕掛けを考えるときに頭の片隅に入れておいてほしい。

利己的な行動と利他的な行動

仕掛けの表の目的は自分にとっての目的なので「利己的な目的」、裏の目的は他人にとっての目的なので「利他的な目的」と見なすことができる。つまり、利己的な目的のために行動しているつもりなのに、それが結果的に他人のためにもなっている。このことを利用すれば、世の中の問題を人々の利己的な行動によって解決できる。

たとえば、アメリカのダンキンドーナツは、警察官にコーヒーを無料で提供するキャンペーンを行なっていた。警察官にとってはコーヒーが無料でもらえるので嬉しく、店舗にとっても警察官がきてくれると治安がよくなるという大きなメリットがある。図5に示すように、警察官が利己的な目的で行なったことが結果的に利他的な行ないにもなっている。

また、東京都杉並区は住民に花の苗や種を無償で提供し、人通りの少ない路地裏や

図5 利己的な行動と利他的な行動

無料のコーヒーのために来店
（利己的な行動）

警察官がいることによる安心感
（利他的な行動）

玄関先に植えてもらう活動を支援している。住民にとっても地域にとっても景観が美しくなるのが嬉しいという関係にある。また、花の世話をするために家の外に出る時間が長くなるのでご近所づき合いが生まれ、それが監視の目となって防犯効果を高めることも期待される。実際に杉並区では、空き巣の被害が4分の1以下に減ったと報告されている[16]。花を植えたいという利己的な目的が防犯効果を高めるという利他的な行動にもつながっている。

社会にはさまざまな問題があるが、正論を振りかざして解決できるものばかりではない。しかし、そのような問題の多くは人の行動が生み出しているので、人の行動を変えることで解決できることも多い。そういうときこそ仕掛学の出番である。仕掛けを用いることで利己的な行動と利他的な行動をつなぎ、社会の問題を解決することができるだろう。

倫理ガイドライン

仕掛学における倫理的課題は、仕掛けが対象とする問題の倫理的課題と、その問題を解決する手段である仕掛けの倫理的課題に分けられる。

仕掛けが対象とする問題は、社会的合意や社会的正義によって設定される。たとえば、車の制限速度を遅くすると道路は安全になるが、物流の効率が悪くなり、我々の生活にも悪影響が出る。制限速度を速くすると物流の効率はよくなるが、道路が危険になる。「ポイ捨て禁止の看板」（49ページ）の事例についても、看板の近くのゴミは増えるが、周囲のゴミは減る。

このように、あちら立てればこちらが立たぬ関係になるときは、常識的に考えて正しいと社会の合意が得られる落とし所を探すことになる。車の制限速度は、道幅や車の通行量、付近の住民の生活との関わりなどから総合的に判断されるだろう。ポイ捨て禁止の看板は環境への被害や街の景観などから総合的に判断されるだろう。

仕掛けの倫理的課題に関しては、行動変容の倫理的問題についてのガイドラインが参考になる。たとえば、日本版ナッジ・ユニットBESTナッジ倫理委員会による「ナッジ等の行動インサイトの活用に関わる倫理チェックリスト①調査・研究編」[17]

やOECD「Tools and Ethics for Applied Behavioural Insights: The BASIC Toolkit」[18]などが公表されている。そこでは、調査・研究目的の妥当性や調査・研究手法の妥当性、調査・研究協力者の心身の安全などの項目が挙げられている。

これらのガイドラインに追加する形で、仕掛学に特有の倫理ガイドラインを考える。仕掛学を特徴づけるのは、3つの要件である公平性、誘引性、目的の二重性なので、それぞれについて倫理的妥当性が必要であろう。

公平性に求められるのは、課題の倫理的妥当性であり、人間社会の幸せに貢献するか否かが問われる。

誘引性に求められるのは、手段の倫理的妥当性であり、行動を選択する自由を奪わないことが求められる。

目的の二重性に求められるのは、目的の倫理的妥当性であり、種明かししたときに不快な気持ちにならないことが求められる。

このガイドラインは曖昧なところもあり、明確に判断できない場合もあるだろう。しかし、基本的には従来の研究倫理ガイドラインに加えて、右記の仕掛学に特有の倫理ガイドラインを検討すれば、大きな問題は起きないだろう。

4章

仕掛けのコツ

新規性と親近性

仕掛けはＦＡＤ要件（公平性、誘引性、目的の二重性）をすべて満たすものであるが、これに加えて新規性と親近性を満たすと仕掛けに反応してもらいやすくなる。

新規性：これまでに見たことがないもの。
親近性：よく知っているもの。

新規性と親近性は相反する要素のように見えるが、必ずしもそうではない。何か知らないものがあると気になってつい見てしまう。これが新規性である。また、初めて見たものでもよく知っているもののような気がして、使い方が容易に想像できるものがある。それが親近性である。

図６に示すように、マジックハンドでポケットティッシュを配っている人がいる

図6 新規性と親近性

マジックハンドとポケットティッシュは
よく知っている（親近性）

マジックハンドでポケットティッシュを
配る人はまずいない（新規性）

と、そんな人は見たことがないのでつい目を留めてしまう。しかし、マジックハンドとポケットティッシュはどちらもよく知っているものであり、マジックハンドでポケットティッシュをつかんで配布していることは見た瞬間に想像がつく。このように、よく知っているものを本来とは異なる文脈で用いることが、新規性と親近性を同時に満たすことにつながる。

通りすぎる人の興味をひくことは容易ではない。ましてや説明文を読んでもらって行動してもらうなんて、ほとんど期待できない。そういうときに、新規性によって興味をひき、親近性によって説明することなく所望の行動を促すことが可能になる。

ブリコラージュ

「そそる仕掛けの条件」（31ページ）や「新規性と親近性」のところでも述べたように、過去の経験や体験を利用することによって、すぐに理解される魅力的な仕掛けになる。したがって、仕掛けを考案するのに必要なのは0から1を創り出すクリエイティビティ（創造性）ではなく、バスケットゴールとゴミ箱を組み合わせるブリコラージュ（寄せ集めて組み立て直すこと）的な発想である。

過去の経験や体験から得られた素材と、仕掛けの対象である素材のブリコラージュで仕掛けができる。マジックハンドとポケットティッシュによるポケットティッシュ配りなど、よく知っているものを使って仕掛けを構成しているからこそ、見た瞬間に仕掛けの意図が伝わる。もし、これまで見たこともない独創的なものを作ってしまうと、それはもはや芸術作品になってしまい、鑑賞するだけで終わってしまう。

ブリコラージュのいいところは2つある。仕掛けの候補を機械的に列挙できることと、創作のハードルが低いことである。

よい仕掛けを考えるためには、たくさんの候補を検討することが重要である[19]。素材を列挙すれば組み合わせの候補は機械的に求まる。その組み合わせの候補を順に検討していくことで、何も思いつかないという状態には陥りにくいだろう。

成功はタネ、失敗はネタ

仕掛けの実験をすると、想定していなかった結果になることはよくある。

人がたむろしていて通行の邪魔になっていた場所があったので、たむろを解消するために路面にチョークで大きな魔法陣を描いたことがある。魔法陣の中に入ると召喚されたり生贄になったりなどよくないことが起こりそうな気がするので、忌避されて人が寄ってこないことを期待していた。ところが実際に描いてみると、魔法陣の中でポーズをとって写真を撮る人が現れて、試みは失敗に終わった。

また、幼稚園で園児が廊下を走ることが問題になっていたので、廊下に横断歩道を描いて信号機を設置したことがある（仕掛け31、168ページ）。園児は交通ルールをきちんと守るので、廊下でも信号を守ってくれることを期待していた。赤信号のときは立ち止まってくれたが、青信号になると走ってもよいと解釈されて、だるまさんが転んだ、のごとくいっせいに走り出すようになってしまった。

チョークで描いた魔法陣

このような想定外の結果は失敗のように思われるかもしれないが、必ずしもそうではない。予想通りにならなかったときに初めて、自分の仮説や思い込みが間違っていたことに気づき、それを改めるきっかけになる。

成功したら仕掛けのタネになるので、そこからさまざまな仕掛けが生まれるが、失敗しても終わりではない。失敗した事例には意外性があって面白いことが多いので、話のネタが増えたと喜べばよい。

成功した事例は公表されるが、失敗した事例はほとんど公表されないので、多くの人が同じ失敗を繰り返している可能性がある。失敗した事例はネタとしていろんな人に話すことで、失敗から得られる学びも共有される。成功しても失敗してもどちらに転んでもいいことばかりである。

飽きと習慣

そそる仕掛けは時間が経つにつれて徐々に飽きられていく。[*5]

しかし、行動変容を繰り返すうちに習慣化され、仕掛けに飽きたり仕掛けが撤去されたりしても行動変容が維持されることもある。複雑な行動ほど習慣化に時間がかかるが、行動が習慣化するまでの期間は平均66日（18～254日）、約半数は習慣化しないといわれている[20]。

人には直感的で意思決定の早い「システム1」と、論理的だが意思決定の遅い「システム2」と呼ばれる2つの思考のモードがあり、状況により使い分けている[21]。よく知っている道を散歩するときは何も考えないのでシステム1、知らない場所にきたときは考えながら歩くのでシステム2に切り替わる、という具合である。

習慣化は、仕掛けによって誘われる行動がシステム2からシステム1に切り替わることによって起こる。したがって、仕掛けに飽きる前に経験を積んで経験則を獲得できるかどうかが重要になる。

習慣化は動機づけとも関係がある。人の行動を引き起こす動機づけには、好奇心や

＊一5　社会的文脈を用いた仕掛けは飽きられにくい。

達成感といった自分の内面から湧き上がってくる内発的動機と、報酬のように外部から与えられる外発的動機がある〔22〕。仕掛けは外部から与えられるものであるが、行動したことによって喜びや新たな目標が生じて内発的動機に切り替わる。内発的動機になると行動すること自体が行動の目的になるので、仕掛けがなくても行動するようになり習慣化する。

つまり、仕掛けの効果が持続する間に行動がシステム1もしくは内発的動機に切り替われば、行動の習慣化が期待できる。

持続する仕掛けを考える上で重要なのが、適切な報酬の設計である。仕掛学の初学者がやってしまいがちな落とし穴があるので、次節で説明する。

報酬の与え方

報酬には金銭的報酬とそれ以外の報酬がある。

外発的動機の一つである金銭的報酬は即効性があり短期的には大きな効果が期待で

きるが、仕掛学では利用しない。割引クーポンの類も同様である。理由は、金銭が目的になってしまうと内発的動機が失せてしまうこと、金額が不十分な場合にかえってやる気が下がること、そして金銭的費用がかかるためである。

仕掛学では、好奇心や達成感といった内発的動機と、名誉や社会的承認といった非金銭的な外発的動機を利用する。

たとえば、バスケットゴールのついたゴミ箱はシュートが決まると達成感が得られるので、内発的動機が使われている。スポーツバイクで自転車通勤を始めると自転車の楽しさに目覚めるのも、好奇心から新たな内発的動機が生まれたからである。

小林製薬株式会社では、賞賛に値する従業員の行動や仕事に対して社長が直接メールを送り称える「ホメホメメール」という制度がある。実は著者も小林製薬株式会社の小林章浩社長より、ブルーレット発売50周年企画「小学校のトイレ快適プロジェクト」への仕掛学の貢献（仕掛け22、１４４ページ）に対してホメホメメールを頂戴したことがある。名誉なことであり、励みになる外発的動機といえるだろう。

仕掛学の初学者はつい金銭的報酬を考えがちだが、仕掛学的な観点からは望ましくない。持続的な仕掛けを考えるのであれば、内発的動機づけと非金銭的な外発的動機づけを使おう。

仕掛けの効果

「仕掛けで何%くらい行動が変われば成功ですか」と聞かれることがあるが、この質問は適切ではない。何%くらい行動を変えたい、これくらい変わらないと意味がない、という基準は仕掛ける側が決めることである。その基準を超えれば成功といえる。

この基準は、対象とする問題の性質や費用対効果によっても変わる。

交通マナーを守りたくなる仕掛けの場合は、なるべく多くの人の行動が変わったほうがよい。しかし、階段を使いたくなる仕掛けの場合には、足腰の不自由な人や重たい荷物を持っている人はエスカレーターを使うほうがよい。手指消毒器を使いたくなる仕掛けについても、手が荒れている人やアルコール過敏症の人にはおすすめできない。直前に消毒したばかりの人にも不要であろう。

このように、それぞれの事情を踏まえると、全員の行動が変わるほうがよいとは必ずしもいえない。

仕掛けに期待する効果は、仕掛けに投入したコスト（仕掛けの製作に費やした労力、金銭的費用、時間）に対する成果の大きさによっても決まる。コストが小さいのなら成果が小さくても許容できるが、膨大なコストがかかるのなら大きな成果が見込めないと実施は難しい。

仕掛けに期待する効果は、成果指標によっても変わってくる。仕掛けによって駅の階段利用者が増えても売上が増えるわけではない。しかし、エスカレーターでの事故が減ったならば、仕掛けの効果があったといえる。その仕掛けが新聞やテレビなどのマスメディアに大きく取り上げられれば、広告費に換算した金額を仕掛けの効果と見なすこともできる。

仕掛けの効果を上げるアプローチはもう一つある。それは、仕掛ける人を増やすことである。著者がいくらがんばったところで、生み出せる仕掛けの事例は限られている。しかし、1万人がそれぞれ仕掛けを考案すれば、一つ一つの仕掛けの効果は小さくても積もり積もって大きな効果になる。

そのためには、仕掛けに興味を持ってもらい、仕掛けをつくりたくなる仕掛けが必要になる。著者が本書を執筆する理由はまさにこれであり、なるべく多くの人に仕掛学の考えを届けたいためである。

5章

仕掛けカタログ

本章では、著者が関わった仕掛けのうち、うまくいった事例だけでなく、あまりうまくいかなかった事例も紹介する。さまざまな仕掛けの事例を通して、仕掛けが対象とする問題や仕掛けのアプローチの多様さを見ていただき、仕掛学を理解する上での参考にしていただければ幸いである。

仕掛け

1

バスケットゴールのついたゴミ箱

前著『仕掛学』、そして本作の表紙にはバスケットゴールのついたゴミ箱を描いているので、仕掛学の代表的な例だと思われているかもしれない。しかし、ゴミ箱にバスケットゴールをつけるというアイデアは何十年も前から世の中に存在しており、著者のオリジナルではない。

わかりやすい仕掛けなのでお気に入りの仕掛けであるが、本当に効果があるのか、あるとしたらどれくらいの効果があるのかは調べてもはっきりしなかった。今後、いろいろなところで紹介したい事例なのに、効果がわからないものは紹介しにくい。

そこで、実際にバスケットゴールのついたゴミ箱を製作し、2016年6月24日（金）から7月29日（金）の平日にかけて、普通のゴミ箱と並べて大阪大学豊中キャンパスのピロティに設置して利用人数を計測する実験を当時ゼミ生だったTadahiro Inoue氏と行なった[5]。

実験の結果、バスケットゴールのついたゴミ箱を使った人は411人、普通のゴミ箱を使った人は257人であった。

なお、ゴミは軽くて形もいびつなため投げてもちゃんと飛ばず、シュートしても外す人が多かった。しかし、シュートを外した人は皆ゴミを拾い、入るまでシュートを繰り返していたので、周囲にゴミが散らかることにはならなかった。

また、シュートが決まった人の多くは嬉しそうな表情を浮かべていたことから、楽しみながらゴミ箱を利用していた様子がうかがえた。

仕掛け

2

おしゃべりスマホ

歩きながらスマートフォン（スマホ）を利用する、通称「歩きスマホ」は注意力を低下させ、さまざまな危険を引き起こすので、日本のみならず世界中で社会問題になっている。歩きスマホを検知して利用者に注意喚起するアプリはあるが、検出精度に限界があることや、そもそもそのようなアプリをインストールしてくれないという問題がある。

そこで、アプリを入れてもらうことなくスマホを乗っ取るために、指向性スピーカー[*6]を用いた「おしゃべりスマホ」を当時ゼミ生だった田縁正明氏と考案した[23]。指向性スピーカーは、超音波を使って狙った場所にピンポイントで音を届けるスピーカーである。「ビーッ、ビーッ」という警告音に続いて「歩きスマホ発生！」という音声をスマホに向けて飛ばすことでスマホを振動させ、あたかもスマホが話しかけてきたように聞こえるという仕掛けである。

＊―6　秋月電子通商の「パラメトリック・スピーカー実験キット」を用いた。

２０１６年7月19日（火）、20日（水）に大阪大学豊中キャンパスのメインストリートにおいて、紙袋に入れてカムフラージュしたおしゃべりスマホを自転車のカゴに入れて実験を行なったところ、歩きスマホをやめた人は28％（39人中11人）だった。全方位スピーカー（一般のスピーカー）でも同様の実験を行なったところ、歩きスマホをやめた人は46％（39人中18人）であった。

おしゃべりスマホと全方位スピーカーとで歩きスマホをやめた人の割合に統計的な有意差はなかった。しかし、対象者から得られたアンケートでは、おしゃべりスマホのほうが、嫌悪感が統計的に有意に少なかった。全方位スピーカーは周囲の人にも聞かれるのに対し、指向性スピーカーを使ったおしゃべりスマホはその人にしか聞こえないためだと考えられる。

仕掛け

3

勇気の口

天王寺動物園は大阪市内の憩いのスポットの一つである。近年すっかり雰囲気もよくなって人気の観光地になった新世界も目前にあるので、遊びにくるカップルや家族連れで年中賑わっている。天王寺動物園で動物を見て回って疲れたときは、デッキ下イベント広場がよく利用される。広いスペースで屋根もあるので、イベントのないときは来園者がシートを広げて休憩したりお弁当を食べたりする場所になっている。

そのときに手指消毒をしてもらうための仕掛けとして、ライオンを模した「勇気の口」を当時ゼミ生だった伊藤慎介氏と設置した[*7][24]。このライオンは口が大きく開き、怖い顔をしている。イタリアのローマにある「真実の口」を知っている人にはそれを想起するように作られている。

真実の口には、嘘つきの人が手を入れると手が抜けなくなったり切り落とされたりするという都市伝説がある。それを知らなくても、映画『ローマの休日』を観たことのある人なら、新聞記者のジョー・ブラッドレー（グレゴリー・ペック）がアン王女（オードリー・ヘップバーン）を驚かそうと真実の口に手を入れて抜けないふりをするというシーンを思い出すだろう。これらを知っている人は、ライオンの口を見るとつい手を入れてみたくなる。ライオンの口の中にはセンサー式の手指消毒器が仕込んであるので、手にアルコール消毒液がかかり、結果的に手がきれいになる。

真実の口を知らない人はとまどうかもしれないが、ライオンの口に手を入れている人を見れば使い方を知ることができる。また、「勇気の口」と書かれた紙も貼っているので、口に手を入れる勇気が試されていることが伝わるようにもなっている。

２０１６年9月10日（土）、11日（日）に勇気の口の手指消毒器および普通の手指消毒器を3時間ずつ設置して利用人数を計測したところ、勇気の口の型手指消毒器は２１５名（大人１０１名、子供１１４名）、普通の手指消毒器は45名（大人18名、子供27名）であった。

なお、不意にアルコール消毒液が噴霧されるので驚く人も多くいたが、その後は笑

＊7 紙粘土で最初にプロトタイプを作ったのは当時ゼミ生だった小川泰隆氏である。その後、著者が造形作家の玉田多紀氏のワークショップに参加してダンボール造形の技法を習い、その技法を伊藤愼介氏に伝授して生まれたのがこのライオン型手指消毒器である。

顔になるという状況がよく見られた。仕掛けは利用人数だけでなく、利用者が笑顔になるかどうかも重要な評価指標になることに気づかせてくれた仕掛けであった。

仕掛け

4

試食投票

試食を用意しても、意外と食べてもらえない。何かしらの施しを受けるとお返しをしないと申し訳ないと思う返報性の原理が働くが、パン屋さんだとお返しをする手段がパンの購入しかなく、それが心理的な抵抗になるのだと考えられる。

気軽にお返しができる手段があれば心理的な抵抗を下げることができ、試食へのハードルが下がるはずである。そこで、2種類の試食のパンの前に「あなたはどっち派？　人気投票！」の札を立て、試食で使用した爪楊枝を使って投票できる試食投票を当時ゼミ生だった張凌雲氏、板谷祥奈氏と考案した[25]。アンケートに答えることがお返しになり、返報性の原理が満たされることを期待した。

2016年8月26日（金）から9月15日（木）にかけて、大阪大学豊中キャンパスの近くにある石橋商店街のパン屋さん「タローパン」にて、通常の試食と試食投票を交互に行なって利用人数を計測する実験を行なった。その結果、通常の試食のときは来店者のうちの約11％（460人中52人）が試食をしたのに対し、試食投票のときは来店者のうち約20％（521人中104人）が試食して投票した。

なお、投票するためには両方のパンの味見をしなければならないことも重要である。食べたことのないものは、購買対象の候補（考慮集合）には入らない。試食して美味しかったパンは考慮集合に入り、今後購入される可能性が高まるので、この仕掛けは販売促進の仕掛けにもなっている。

仕掛け

5

ボケてコンテスト

情報処理学会からLINEスタンプ「#include〈情報系技術者の日常.h〉」がリリースされた。このことを記念し、2017年3月16日（木）から18日（土）にかけて開催された情報処理学会全国大会にて全40種類のスタンプを使った「ボケてコンテスト」を当時情報処理学会会誌編集委員だった土井千章氏と企画した。

全国大会の会場でリアルなスタンプを使って楽しんでもらえる場をつくり、LINEスタンプに興味を持ってもらうことを狙った仕掛けである。

スタンプは全部で40種類あり、情報系の学生や研究者の「あるある」をうまく切り取ったスタンプになっている。各スタンプについているセリフを消して、代わりに吹き出しをつけたものをA5サイズに印刷した「ボケてシート」を用意した。学会参加者が自由にボケてシートを選んでセリフを記入できるようにした。

学会場にはA0サイズ、四面のブースを設置し、記入してもらったボケてシートを貼ってもらうようにした。

学会参加者には受付の際に投票用の星型シールを5枚配布し、気に入ったボケてシートに貼って投票してもらった。一時間ごとに投票数を集計し、上位10件をランキングボードに貼り出した。１日目は投稿39件（投票数48票）、２日目は投稿49件（投票数は２７４票）であった。３日目は、１日目、２日目の投票数の上位10件のみ掲示し、投票のみしてもらえるようにしたところ１４３票の投票が集まった。３日間を通して88件の投稿と４６５票の投票が集まり、また投稿や投票はしなかったけれど閲覧した方も多くいたことから、学会参加者に楽しんでもらえた仕掛けになった。

仕掛け

6

手書きのQRコード

著者は大阪に住んでいるが、駅前で赤いベストと帽子を被った人が路上で雑誌を販売しているのを見かけることがある。これは雑誌『ビッグイシュー日本版』を販売しているホームレスの人々である。販売者は最初に無料で提供された10冊分の売上を元に、以降は350円の雑誌を170円で仕入れ、1冊売れるごとに差額の180円を収入としている。*8

有限会社ビッグイシュー日本によるホームレスの人々の自立を応援する事業だが、販売者が何をしているのか知らない人も多く、また知っていても声をかけて買う勇気が出ないという人は多い。そこで、販売者に話しかけたくなる仕掛けとして、当時ゼミ生だった内川俊大氏と手書きのQRコードを考案した。

手書きのQRコードには「手書きなんです」「3メートル先から読めます」の説明がついているが、ダンボールにマジックで書かれたQRコードなので本当に読めるかどうか確かめたくなる。気になってQRコードにアクセスすると、販売者のプロフィールやホームレスになった経緯が掲載されたウェブページに飛ぶようになっており、話しかけるきっかけになることを期待した。

２０１７年10月26日（木）、27日（金）、30日（月）、31日（火）に梅田の販売者の横に設置して検証した。ＱＲコードに目を向けた人は７２０人いたが、ＱＲコードを読み込んだ人は９人しかおらず、ＱＲコードをきっかけに話しかけた人は残念ながらいなかった。

人通りの多い路上だったのでＱＲコードを読み込むために立ち止まりにくい場所であったことや、ＱＲコードと販売者の距離が近かったために販売者の視線が気になってためらったのだと考えられる。実際、ＱＲコードを読み込んだ９人のうち、４人は販売者が少し席を外したときに読み込んでいた。

＊８　２０１８年10月当時。２０２３年１月現在は売価４５０円、仕入れ値は２２０円である。

仕掛け

7

謎解きオブジェ

大阪大学豊中キャンパスの一角に芝生のエリアがある。メインストリート沿いの便利な場所にあり、中山池にも面している眺めのよい場所なのに、なぜかあまり学生に利用されていない。芝生も手入れされているのにもったいない。

そこで、この場所に降り立つ学生を増やすために、謎解きオブジェを当時ゼミ生だった河野元希氏と設置した[26]。1メートルほどの「亠」「人」「阝」「厂」「又」「⺍」「了」「一」のオブジェが設置されており、ぱっと見では何かよくわからない。しかし、漢字の部首のようなオブジェなので、ある地点から見ると意味のある漢字が浮かび上がってくるのかもしれないと思わせる。その地点を探したくなった人は芝生に降り立って歩き回るだろう、という仕掛けである。

ある地点から見ると、すべてのオブジェが組み合わさって「大阪　学」の文字になる。一文字抜けているところがあるが、そこに人が両手足を広げて「大」の字をつくって立てば「大阪大学」の文字が完成するので、友達を誘って写真を撮りたくなることを期待した。

２０１８年1月11日（木）から1月29日（月）の平日にかけて実際に設置して検証したところ、オブジェがないときは芝生に降り立った人は０・４９％（４８８７人中24人）だったが、オブジェを置いたときは３・５７％（１１０２１人中３９３人）であった。謎解きオブジェによって芝生に降り立った人は７・３倍になった。

なお、芝生に降り立った３９３人のうち、文字が完成する地点を見つけた人は１１２人、写真を撮った人は92人だった。

仕掛け

8

自動紙飛行機折り機

よくショッピングモールにブースを設置してアンケートへの協力を呼びかけている人を見かけるが、アンケートに回答している人はめったに見かけない。面倒だし楽しくもないので、御礼の粗品程度では人が集まらないのももっともである。

そこで、アンケートに答えたくなる仕掛けとして、レゴブロックでできた自動紙飛行機折り機を用意した。[*9] アンケート回答用紙をセットすると自動的に折りたたまれて紙飛行機になり、それが発射されてアンケート回収箱に飛び込む。レゴブロックは多くの人に親しまれているが、メカメカしい外見と多数の歯車などの部品が動く様子が目をひくものになっている。

自動紙飛行機折り機には初号機と弐号機がある。初号機はアンケート回答用紙をセットしてから紙飛行機が飛び出すまで1分20秒ほどかかるのに対し、弐号機は22秒ほどに高速化されている。

初号機を使った実験は2018年5月19日（土）にららぽーとEXPOCITYの巨大な吹き抜け空間「光の広場」にて行なった。回収できたアンケート回答用紙は、初号機を使ったときは32枚、声掛けのみのときは7枚だった[27]。

弐号機を使った実験は、約1年後の2019年6月1日（土）に同じ場所で行なった。弐号機を使ったときは高速化されたおかげで89枚ものアンケート回答用紙を回収できたのに対し、声掛けのみのときは2枚だった。

*19　製作は大阪大学レゴ部の長井謙次朗氏に依頼した。

仕掛け

9

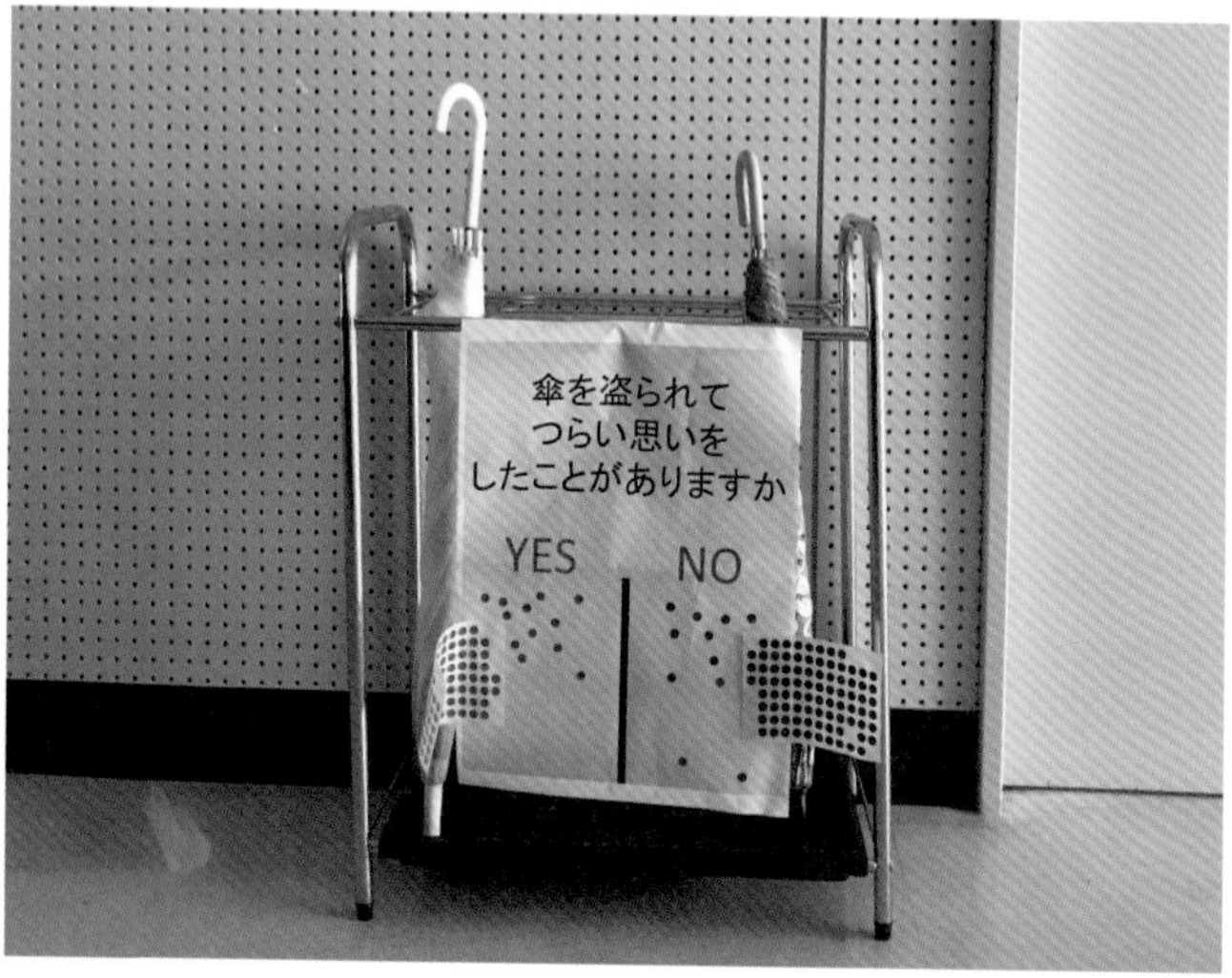

罪悪感に訴えかけるアンケート

雨の日にちょっと立ち寄った場所で傘立てに入れた傘を盗まれた経験は、誰もが一度や二度はあるだろう。傘の柄の部分にシールを貼ってデコレーションするといった対策もあるが、各々にお願いして対策してもらうわけにはいかない。防犯カメラを設置すれば各々は何も対策しなくて済むが、傘の値段を考えると割に合わない。

そこで、もっと手軽な方法として、傘を盗まれた経験を思い起こさせることで罪悪感をかき立てるアンケートを傘立てに設置し、盗難を思いとどまらせる仕掛けを当時ゼミ生だった松井壮太氏と考案した。

大阪大学豊中キャンパスの教室前の傘立て4カ所にビニール傘を2本ずつ入れておき、盗まれるまでの日数を計測する実験を行なった。3カ所には何の仕掛けもせず、1カ所にだけアンケートを設置した[28]。

アンケートを設置しないときは、63日間（雨17日、時々雨12日）で盗難本数は9本だったのに対し、アンケートを設置したときは、48日間（雨12日、時々雨8日）で盗難本数は4本であった。

仕掛け

10

真実の口

病院の来訪者が院内に病原体を持ち込むのを防ぐために、病院玄関には手指消毒器が設置されている。２０２０年に新型コロナウイルス感染症の世界的な大流行が起こり、今では手指消毒は人々の新しい習慣としてすっかり定着したが、それ以前はほとんどなされていなかった。大阪大学医学部附属病院（阪大病院）も例外ではなく、来院者の手指消毒率はわずか０・６４％だった。

そこで、２０１８年10月18日（木）から12月28日（金）にかけて、阪大病院の１階ロビーの入ってすぐのところに、阪大病院医師の森井大一氏と真実の口を模した手指消毒器を設置した[29]。これも「勇気の口」（仕掛け3、89ページ）と同じく真実の口の誘引性を利用して手指消毒を促す仕掛けである。

最終的には、手指消毒率は10・3％（真実の口の利用率は8・6％、従来の手指消毒器の利用率は1・7％）となり、大幅に増加した。

この実験の裏側にはもう一つの狙いがある。日本の医療従事者の手指消毒の遵守率が低い[*10]という問題があり、それも何とかしたいと考えていた。真実の口によって人々の手指消毒への意識が高まれば、自ずと医療従事者が手指消毒をしているかどうかも気になるはずである。効果検証はしていないが、医療従事者の手指消毒率の向上につながることも期待している。

なお、2021年4月から甲子園球場の外周に阪神タイガースのマスコットキャラクター「トラッキー」「ラッキー」「キー太」がそれぞれ真実の口に扮した手指消毒器が設置されている。口元の下には「本当の阪神ファンならアルコールがでます」と書かれている。阪神タイガースのファンならアルコールが出るまで挑戦し続けたくなるようになっており、秀逸な仕掛けである。

＊10　Sakihamaらの研究［30］によると19％であると報告されている。

「トラッキーの口」(左)、「ラッキーの口」(中央)、「キー太の口」(右)

仕掛け

11

スカイダンサーが現れるゴミ箱

いつの間にか日本でもハロウィンがすっかり定着し、ハロウィンの仮装をしてパレードするイベントが日本各地で開催されるようになった。

主役は仮装している人であり、観光資源がなくても開催できるという手軽さがあるが、パレードの沿道に大量のゴミが残されることが問題になっている。「カワサキハロウィン」ではパレードの翌日にボランティアの方々がゴミ拾いをしており、例年約50袋ものゴミが回収されていた。

たくさんの人で賑わうイベント会場に仕掛けを設置する場合、小さな仕掛けだと気づかれないので、巨大なものを作って目立つ必要がある。

そこで、送風機から人型の吹き流しに空気を流し込むことで踊っているように見せる高さ約4メートルのスカイダンサーを利用した仕掛けを当時ゼミ生だった木村友哉氏と考案した[31]。ゴミを捨てるとスカイダンサーが10秒間だけ現れてすぐに消えるゴミ箱を用意し、2018年10月27日（土）、28日（日）に開催された「カワサキハロウィン2018」にて検証した。[*11] 主催者によると、このときのパレード参加者は約2200人、沿道の人は約12万人だった。

スカイダンサーの送風機のオンオフは、通行人がゴミを捨てる様子をモニターで確認しつつ手動で行なった。2日間のイベントで、最終的にスカイダンサーは18時間稼働し、踊った回数は1475回にのぼった。

イベント翌日に例年と同じく約100名のボランティアがゴミ拾いをした結果、28袋のゴミが回収され、例年の6割程度にまで少なくなった。

＊11 この仕掛けは番組演出上の脚色が加えられた上で、2018年12月29日（土）にフジテレビ「幸せトリガー研究所」で放送された。

仕掛け

12

日めくりカレンダーのついた小さな鳥居

日本では古くから小さな鳥居が立ち小便防止やゴミのポイ捨て防止に用いられている。社会規範に訴えかける仕掛けであるが、本当に効果があるのだろうか。著者らはその謎を解き明かすべく、当時ゼミ生だった山根大路氏と実験を行なった[32]。

小さな鳥居に期待する効果は、鳥居は神聖なものであり、悪いことをすると罰が当たると思われていることに由来すると考えられる。しかし、そもそもポイ捨てをするような人は神の存在をあまり気にしていないと思われる。そこで、鳥居に日めくりカレンダーをつけて、毎日カレンダーをめくっている人がいることを暗に示すことで、この場所を管理している人の存在を意識させる仕掛けを考案した。

石橋阪大前駅西口改札の近くの自動販売機で2018年11月1日(木)から12月12日(水)にかけて実験を行なった。人通りの多い場所であり、自動販売機があるにもかかわらず近くにリサイクルボックス*12が存在しないため、缶、瓶、ペットボトルなどのポイ捨てが行なわれやすい場所である。実験条件は、設置物なし、小さな鳥居のみ、小さな鳥居と日めくりカレンダーの3条件で行なった。

実験の結果、ゴミの数は設置物なしのとき平均4・2個、小さな鳥居のみのとき平均6・0個、小さな鳥居と日めくりカレンダーのとき平均2・9個になった。

当時ゼミ生だった村井翔氏と行なった実験でも、小さな鳥居だけのときより小さな鳥居の横に菊の造花を挿した花瓶を置いたときの方がゴミの数が少なかった[33]。

＊12 ゴミ箱だと勘違いしている人が多いが、「自動販売機専用空容器リサイクルボックス」である。

仕掛け

13

上司は生き物係

デスク周辺の観葉植物

組織において、部下から上司への報連相（報告・連絡・相談）は、問題の早期発見やコミュニケーションの円滑化、意見や提案の促進、さらに部下に対する適切な指導や育成を行なうための重要な手段になる。

ところが、上司はいつも忙しそうに見えるので話しかけるタイミングがわからない、報連相すべきかどうかの基準がわからない、わざわざ上司の席まで行くのが面倒といった理由により、疎かになりがちである。

そこで、部下のデスク周辺に観葉植物を設置し、上司が定期的に観葉植物の水やりに巡回するという仕掛けを当時ゼミ生だった福原峻氏と考案した。上司は水やりをすることによって忙しくないことを自然にアピールでき、また部下の席の近くまでやってくるので些細なことでも報連相しやすい状況になることを期待した。

2018年12月12日（水）から28日（金）にかけて、カコムス株式会社にご協力いただき実証実験を行なった。上司5人、部下74人を対象とし、上司に一日3回水やりをしてもらい、その際に受けた報連相と雑談の件数を記録した。残念ながら仕掛けの有無による報連相と雑談の件数に有意な差はなかったが、実施する時期や観葉植物の種類やサイズを変えるなどしてまた挑戦したいと思っている。

仕掛け

14

隠し文字が現れるフォトブース

横浜市立金沢動物園には人気者のコアラがいる。コアラを撮影することは問題ないが、フラッシュを焚いての撮影はコアラにとって大きなストレスになるので禁止している。しかし、園内の看板やポスターでいくら呼びかけても、自分のカメラのフラッシュモードがオンになっていることに気づかずに使ってしまう人が後をたたない。

そこで、カメラのフラッシュに反応して絵や文字が浮き出てくるフラッシュプリントを用いた仕掛けを考案した。[*13] 具体的には、コアラ舎の前にフォトブースを設置し、コアラの絵のパネルと「コアラのフォトスポット　何かが写るかも！」のメッセージを掲示して、写真を撮りたくなるように促した。フォトブースの中は暗いのでフラッシュをオンにしてパネルを撮影すると、まぶしがっているコアラの絵と「フラッシュ切ってよ～！　まぶしいよ～！」のメッセージが写真に現れる仕掛けになっている。

最終的にはフォトブースを利用した83組すべてがフラッシュモードをオフにしてコアラ舎に入ってくれたので、仕掛けが功を奏したといえるだろう。

＊13 この仕掛けは番組演出上の脚色が加えられた上で、２０１８年12月29日（土）にフジテレビ「幸せトリガー研究所」で放送された。

仕掛け

15

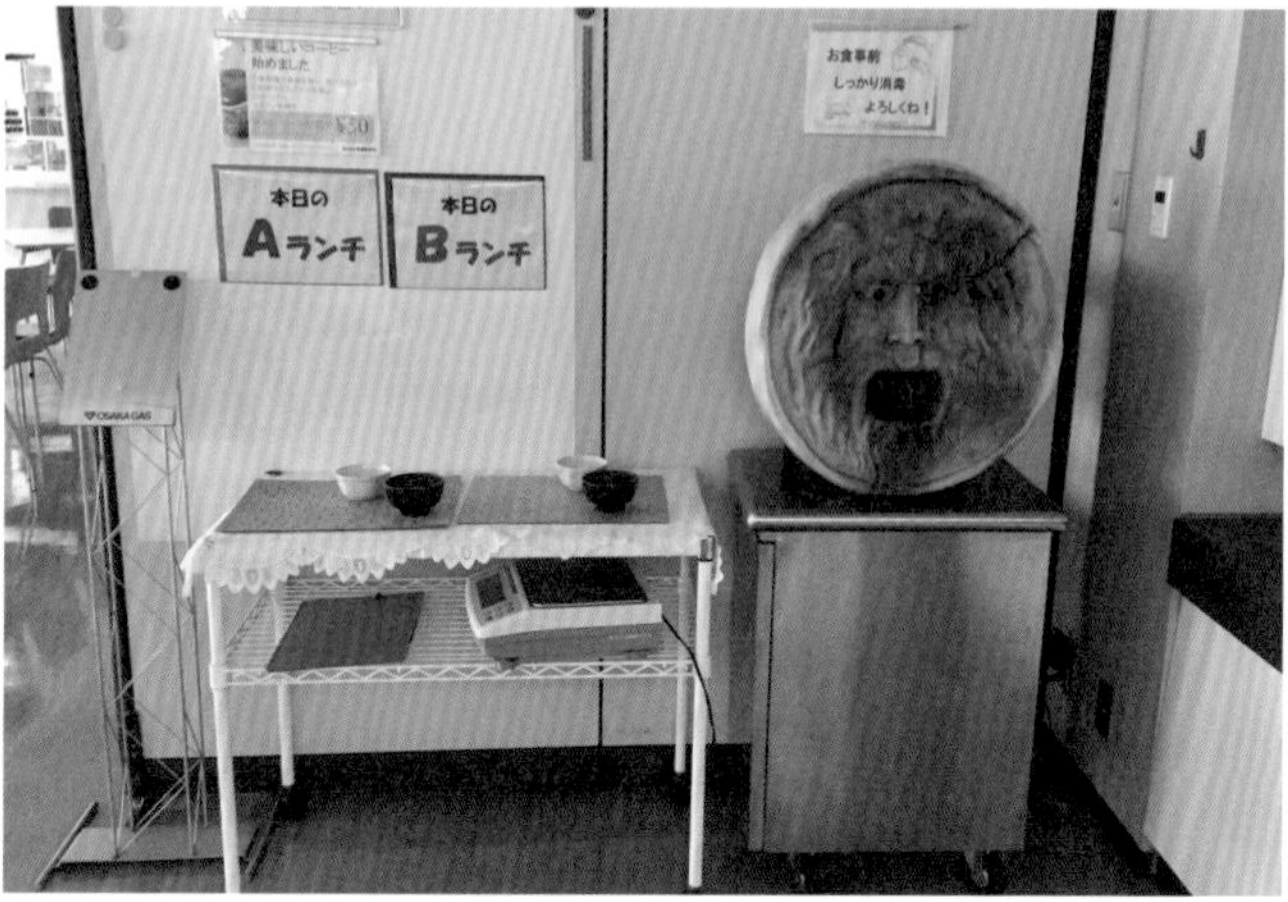

真実の口

阪大病院で行なった真実の口（仕掛け10、110ページ）の実験では、真実の口を撤去したあとの手指消毒率は元の状態の0・64％には戻らず2・89％になった。これは、仕掛けによって手指消毒が習慣化した人がいる可能性を示唆している。

しかし、阪大病院には一日に3000人以上の来院者があり、来院間隔は人によってさまざまなので、接触頻度と習慣化との関係はわからない。

そこで、毎日同じ人が利用する大阪ガスマーケティング株式会社の社員食堂に真実の口を一定期間設置し、習慣化に及ぼす影響を検討した[34]。従来の手指消毒器を2週間設置したあとに真実の口を1週間設置することを4サイクル行なった。

毎日消毒液の使用量を測定したところ、サイクルが進むにつれて真実の口の消毒液の使用量は減少していたが、従来の手指消毒器の消毒液の使用量は増加していた。これより、真実の口は徐々に飽きられたことがわかった。また、真実の口をきっかけとして手指消毒の習慣化が起こったことが確認できた。

仕掛け

16

指名手配ポスター

「歩きスマホは危険だからやめてください」というと自分にブーメランが返ってくるが、それでもやはり人混みでは歩きスマホは避けるべきである。

被視感（26ページ）が犯罪の抑止力になることを利用した仕掛けとして、目を描いたポスターやステッカーがさまざまな自治体でつくられている。たとえば、東京都では眼力の強い歌舞伎役者の隈取がされた両眼が描かれたステッカー「動く防犯の眼」をつくっており、犯罪者ににらみを利かせている。

そこで、指名手配ポスターを想起させる黄色いデザインのポスターに鏡を設置し、鏡を覗き込むことで自分が指名手配されているように見える仕掛けを当時ゼミ生だった大西日菜子氏と考案した[35]。

２０１９年6月17日（月）から7月16日（火）の間の平日7日間、大阪大学豊中キャンパスのピロティで実験したところ、歩きスマホを中止した人の割合は約22％（１１９人中26人）となった。鏡を歩きスマホのピクトグラムに変えて同様の実験を行なったところ、歩きスマホを中止した人の割合は約４％（１６１人中６人）であった。

仕掛け
17

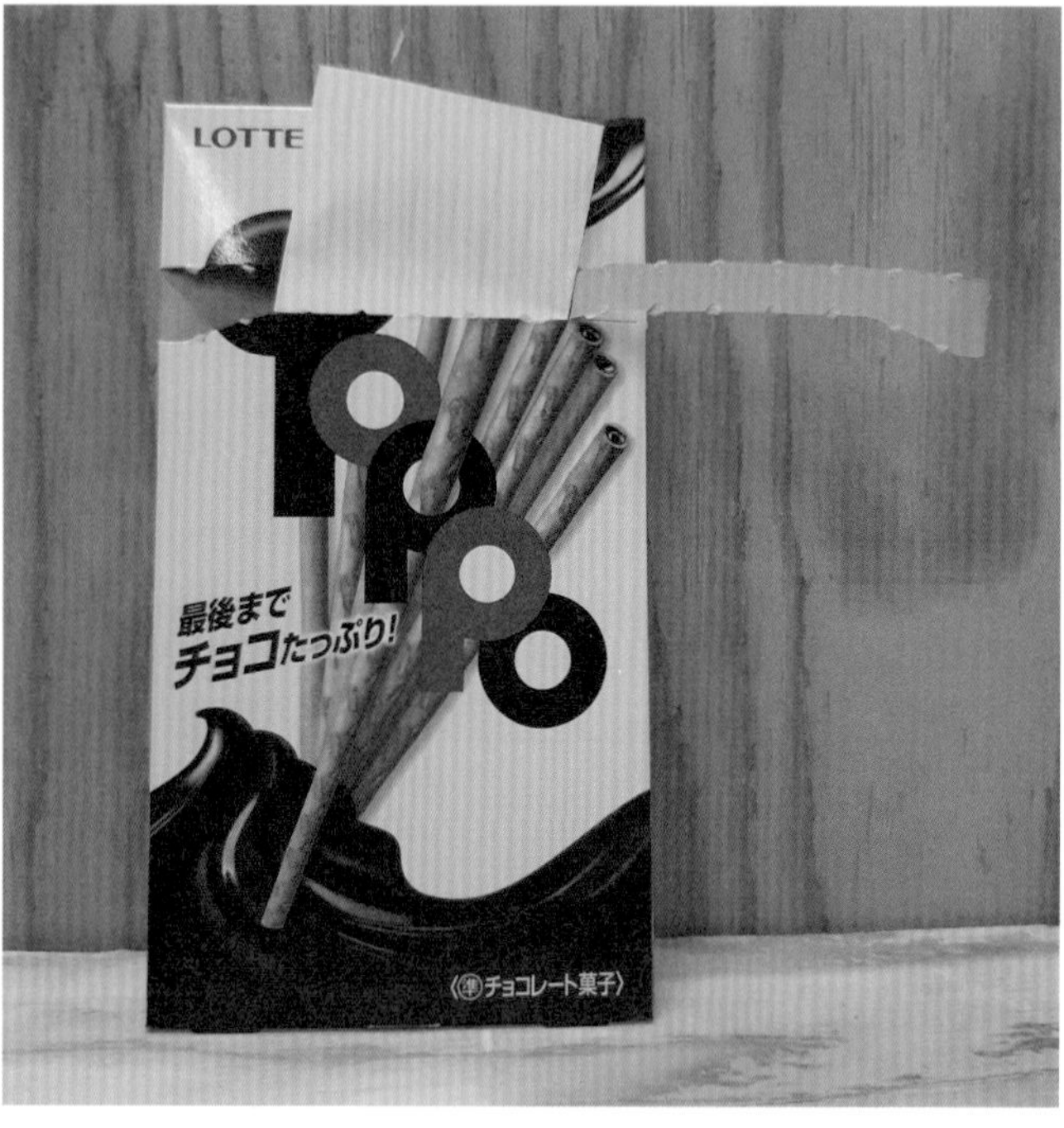

お菓子封筒

携帯電話やスマートフォンの普及によりメールやＳＮＳで手軽にメッセージを送れるようになり、手紙を書く機会はすっかり減ってしまった。年賀状の発行枚数も２００８年から減少の一途をたどっている。

しかし、手紙は文字の個性やレイアウトや挿絵など表現の自由度が高く、メールやＳＮＳにはない独特のよさがある。大事な人からの手紙なら、それ自体に物としての価値もある。

そこで、普段手紙を書かない人に手紙を書くきっかけをもたらす仕掛けとして、当時ゼミ生だった森田晴菜氏・西内葵氏とららぽーとEXPOCITY光の広場にてお菓子封筒を作るワークショップを開催した[*14] [36]。参加者は60名であった。

お菓子封筒は、トッポやポッキーの箱で作る封筒のことである。箱の側面をはさみで切り開いて厚みをなくし、両面テープで裏面をつけると封筒になる。裏面をつけてしまうと手紙を入れることができなくなるので、その場で手紙を書いてもらう必要性

＊14　株式会社ロッテよりトッポを２００箱提供していただいた。

が生じるところがポイントである。その手紙を封入して完成になる。

また、お菓子封筒を受け取った人が開けたくなるように、箱の表面のビリビリ破るミシン目のところを破らずに残しておく。トッポやポッキーで作ったお菓子封筒は定形郵便サイズになるので、基本料金で郵送することができる。

封筒の表面に郵送先の住所も書いてもらい、後日切手を貼ってまとめて郵送した。実験後のアンケート調査により、今回のお菓子封筒がきっかけになって初めて手紙を送った人が46名中21名いたことがわかった。

仕掛け

18

カーブミラーのついた立て看板

石橋商店街は地元の人や阪大生などでいつも賑わっているが、商店街が禁止している自転車通行が後をたたない。

そこで、自転車の押し歩きを訴える立て看板にカーブミラーをつけて、自転車に乗っている人が映り込むようにする仕掛けを、当時ゼミ生だった福上瑛豊氏と考案した[37]。これによって立て看板が自分自身に向けられた注意喚起だと思わせ、自転車を押し歩きしてくれることを期待した。

2019年7月10日（水）に行なった実験では、石橋商店街への入口に立て看板を設置し、自転車に乗ってきた人が自転車を降りるかどうかを検証した。しかし、カーブミラーの有無によって自転車の押し歩きをする人の割合に有意な差はなかった。

2019年8月8日（木）に行なった実験では、駐輪場から石橋商店街につながる場所に立て看板を設置し、自転車に乗ろうとするタイミングでの効果を検証した。その結果、立て看板のみでは49％（108人中53人）、カーブミラーをつけると64％（129人中83人）が自転車に乗らずに押し歩いて商店街に入っていった。

仕掛け

19

シカケコンテスト

とよなか夢基金(左)、トリックアート花壇(右)

仕掛けは自分の過去の経験や体験を利用するものなので、老若男女誰でも発想できる。そこで、仕掛けを考えてもらう機会をつくろうと思い、これまで何度かシカケコンテストを開催してきた。２０１５年には天王寺動物園を舞台にした仕掛けを考えてもらう「シカケコンテスト２０１５」[38]と、簡単に動いたり光ったり音が鳴るものがつくれるlittleBitsを使った「第1回シカケハッカソン」、２０１９年には佐賀県・佐賀大学と「歩くしかけコンテスト」を開催した[39]。

また、子供たちに仕掛けを考えてもらう機会として、小学生以下を対象として「シカケコンテスト２０１９」「シカケコンテスト２０２０」を開催した。小学校の夏休みの自由研究の一環として仕掛けを考えてもらえればと思い、「シカケ発想ワークシート」も用意した。

シカケ発想ワークシートは、解決したいことの説明と絵、シカケの名前と説明文と絵、作ったシカケの説明、実際にシカケを実施した結果、シカケの効果や気づいたことを埋めるようになっている。シートを全部埋めれば、仕掛けの自由研究になる構成になっている。シカケコンテストにはその電子コピーで応募してもらい、原本は学校が許可すれば夏休みの自由研究として学校に提出できるようにした。

シカケコンテスト2019に応募されたアイデアからは「きれいで可愛いトリックアート」、シカケコンテスト2020からは「楽しくてつい何度もしたくなるスマート募金箱」が実際に製作され、現在も豊中市役所にて活用されている。

仕掛け

20

大阪環状線総選挙

ＪＲ大阪駅は一日の乗降客数が約87万人[*15]（全国４位）と大変混み合っている。駅構内のエスカレーターの混雑は転倒事故につながるおそれがあるため、混雑緩和が求められていた。そこで、エスカレーターの利用客を併設されている階段に促す仕掛けとして、株式会社ＪＲ西日本グループと一緒に「大阪環状線総選挙」を実施した[40]。

大阪環状線総選挙は、駅利用者にポスター等の掲示を通して「アフター５に行くならどっち？　天満派　福島派」と問いかけ、階段の右側を通れば「天満派」、左側を通れば「福島派」に投票できるようにしたものである。天満駅も福島駅も大阪駅から一駅の場所にあり、どちらにも栄えた繁華街がある。どちらかといえば天満は庶民的、福島は都会的な飲食店が多く、人によって贔屓の場所が分かれる場所である。

大阪環状線総選挙は、エスカレーターと上り専用階段が併設されているＪＲ大阪駅の環状線ホームの東端階段で実施した。階段の天井に設置したセンサーで天満派と福島派のそれぞれの階段利用者数を計測し、階段をのぼりきったところに設置したモニ

＊15　２０２０年度ＪＲ西日本交通広告メディアガイド。

ターに集計結果をリアルタイムで表示した。

実施期間は2019年7月30日（火）から8月5日（月）の7日間である。その直後の一週間の階段利用者数と比較することで効果を検証した。週末の影響やなにわ淀川花火大会（8月10日）の影響などを踏まえて統計的に分析したところ、階段利用者は一日あたり1342人増えたという結果になった。これは階段利用者数の7％に相当する人数である。最高気温の平均が35・8度と猛暑日の続く一週間であったことを踏まえると、よく健闘した仕掛けだといえるだろう。

仕掛け

21

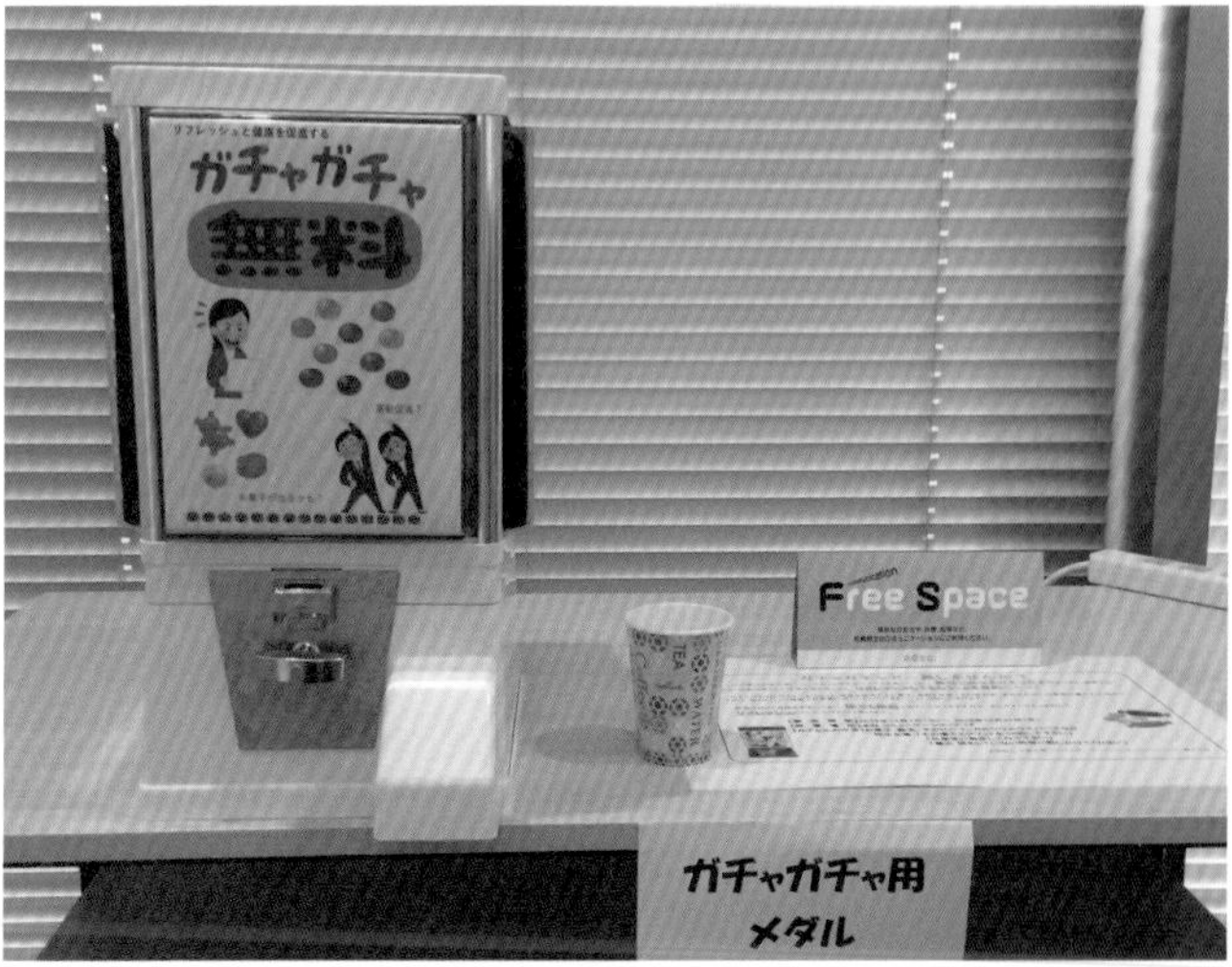

休憩ガチャ

報告、連絡、相談の頭文字をとった報連相は社内コミュニケーションの基本であるが、不十分だと感じている組織は多い。そこで、2019年10月1日（火）から10月31日（木）の平日にかけてセレクションアンドバリエーション株式会社と一緒に、ある企業（社員数116名）の休憩室に仕掛けを施したカプセルトイを設置した[41]。

カプセルトイの中には、ヘルシーなお菓子を入れたカプセルとミッションが書かれた紙を入れたカプセルを同数入れた。ミッションは、「朝礼で有益な情報を共有してください」「業務で接する機会が少ない仲間に話しかけてください」などコミュニケーション促進に関する21種類と、「ストレッチをしてみよう」「今週はなるべく階段を使用してください」など健康促進・リフレッシュに関する21種類からなる。

また、カプセル回収ボックスを2つ用意し、それぞれに「行動する」「行動しない（お菓子のカプセル）」の貼り紙をつけ、カプセルを捨てる際に行動するかしないかの意志を表明してもらうようにした。

カプセルトイの設置期間終了後にアンケートを実施したところ、「行動する」にカプセルを入れたことをきっかけとして実際に行動を起こした人が、コミュニケーション促進で50％（22人中11人）、健康促進・リフレッシュで59％（17人中10人）いたことがわかった。

22

トイレモンスターズ

©小林製薬「小学校のトイレを快適にするプロジェクト」

トイレ掃除は奥が深い。トイレ汚れの主な原因はアンモニアとカビ、汚れやすいところは便器まわりや水まわりであり、それぞれに応じてブラシでこする、ほうきで掃く、モップで水ぶき、雑巾でからぶき、雑巾で水ぶきを使い分ける必要がある。

そこで、小学校のトイレ掃除を楽しく正しくできる仕掛けとして、トイレのさまざまな汚れをモンスターに見立てて武器（掃除道具）を選んで倒すゲーム「トイレモンスターズ」を小林製薬株式会社、ＮＰＯ法人日本トイレ研究所、株式会社ブルーパドルと一緒に考案した[42]。

「飛び散ったおしっこから誕生する「アンモニー」は「オシッコタワー」に出没するので、洗剤とブラシの武器でやっつける。鏡や金具についたカビ・水垢・ほこりのモンスター「アッカビー」はゴム手袋と濡れたぞうきんの武器でやっつける、といった具合である。

９種類のモンスターを考案し、モンスターと倒し方をポスターにした。たたかい（掃除）が終わったら６項目のチェックポイントで達成度を確認できるので、掃除のレベルアップにもつながる。ゲームにはいずれ飽きるが、トイレ掃除の正しい知識は残る。

学校によって掃除道具が揃っていなかったり、水や洗剤を使う日が決まっていたりとルールが異なるので、学校に応じたカスタマイズが必要になる。そこで、トイレモンスターのデータをダウンロードして現地でカスタマイズして使えるようにした。

東光小学校での調査結果によると、トイレモンスターズの導入によってトイレ掃除が好きになる子が27％から35％に増え、トイレがきれいになったと実感する子も38％から47％へ増えたことが明らかになった。[*16]

今後は、レベルアップするとすごい武器（新しい掃除用具）が使えるようになったり、モンスターマスターになると他の児童の師範役になれたりといった、ユニークな活用事例が生まれてくることを楽しみにしている。

＊16　2019年10月に実施（N＝277、東光小学校4年生〜6年生の児童）、小林製薬株式会社調べ。

仕掛け

23

間違い探しポスター

サイゼリヤのキッズメニューには間違い探しがついている。これが結構面白くて、著者も行くたびについやってしまう。

普段なかなか見てもらえないポスターでも、間違い探しになっていれば見てもらえるようになるかもしれない。問題は、そもそも間違い探しになっていることに気づいてもらえないことだろう。

そこで、ポスターにボタンを設置し、ボタンを押すと「ポスターの間違いを探すのじゃ」と音声が流れる仕掛けポスターを当時ゼミ生だった堀颯流《ほりそうる》氏と考案した[43]。ボタンがあると気になってつい押してしまい、ボタンを押すと音声が流れて間違い探しになっていることに気づいてくれることを期待した。

ポスターは大阪大学経済学部松村ゼミと石橋商店街が主催するイベント「第十四回ゑびす男選び@阪大坂」を告知する内容にし、イベント日時の元号を令和ではなく「昭和」にわざと間違えたものを製作した。

２０１９年12月11日（水）、12日（木）、16日（月）、18日（水）に実際に石橋商店街にA０サイズのポスターを設置して実験を行なった。その結果、ボタンがないときにポスターを2秒以上見た人は総通行人数のうち4・3％（４０５１人中１７３人）、注視時間は平均2・9秒であったが、ボタンを設置すると見た人は7・2％（３５６０人中２５６人）、注視時間は平均8・1秒になった。また、ボタンを押した人の注視時間はさらに27秒長くなった。

仕掛け

24

マジックハンド配り

２０２０年2月にクルーズ船「ダイヤモンド・プリンセス号」で新型コロナウイルスでの集団感染が連日報道されて以降、新型コロナウイルス感染症という未知の病気への恐怖が世界中を震撼させた。

まだコロナワクチンが開発されていなかったので、とにかく人との接触をなるべく避けることが呼びかけられていた。したがって、ビラを配ろうとしても対人距離を取られ、手渡しは接触感染リスクもあるので、なかなか受け取ってもらえなかった。

そこで、マジックハンドでビラを配るという仕掛けを考案した[44]。マジックハンドを介することで対人距離を余分に確保できるので、少しくらい離れていてもビラを配ることができる。また、手渡しではないので接触感染リスクもあまり気にならなくなる。そして何より、マジックハンドで配っているという奇抜さが気になって、ビラを受け取ってくれることを期待した。

２０２０年6月23日（火）に原宿の竹下通りで、マスク・手袋を着用してポケットティッシュを配る実験を行なった。[*17] 普通の手配りだと一時間で14名が受け取ったのに対し、マジックハンド配りは一時間で69名が受け取った。

＊17　2020年8月3日（月）に関西テレビ「所JAPAN」で放送された。

仕掛け

25

鏡配り

マジックハンド配りの実験のときに、もう一つ考案した仕掛けがある。新型コロナウイルス感染症への対策として人との接触をなるべく避けたいのであれば、ビラを配る人がいなくなればよい。そこで、人の代わりに姿見を設置し、姿見にひかれて自分の外見をチェックしたい人が寄ってくることを期待した。姿見の前にポケットティッシュを入れた籠を置いた[44]。

2020年6月23日（火）にマジックハンド配りと同じ場所で実験したところ、一時間で52名がポケットティッシュを持ち帰った。*18

人が路上に立って配ったほうが効果がありそうな気がするが、必ずしもそうではなかった。努力は必ず報われるというのは、公正世界仮説と呼ばれる思い込みである。仕掛けによって楽ができて効果も期待できるなら、試してみる価値はあるだろう。

*18 2020年8月3日（月）に関西テレビ「所JAPAN」で放送された。

仕掛け

26

人形販売員

商品の魅力を直接アピールできる接客販売は、お客さんの購買意欲をかきたてるのに欠かせない手法である。しかし、新型コロナウイルス感染症への対策として販売員による接客販売は自粛になったので、新たな販売方法が求められていた。

そこで、販売員に代わって人形に販売してもらう仕掛けを考案した。体に対する頭の割合が大きい、頭に対して目が大きい、動作がぎこちないなど、赤ちゃんのような特徴（ベビーシェマ）があると、人はかわいいと感じることが知られている。人形もこれらの特徴を備えているので警戒されない。箱の中から人形を操作し、スピーカー越しにお客さんと会話できるようにした。

２０２０年7月22日（水）にスーパーマルサン桶川店にて、赤飯（１００g、89円）を対象として実験を行なった。[*19] 赤飯は、陳列販売したときは割引しないと一日で5～6パックほどしか売れない商品である。

午前のピーク時間（10時15分～11時45分）に人形販売員が、午後のピーク時間（16時15分～17時45分）に人間販売員が接客した。その結果、人形販売員が売ったときは

15人（15パック）、人間販売員が売ったときは4人（6パック）が赤飯を購入した。

この日、赤飯売り場周辺を通った人は、人形販売員のとき441人、人間販売員のとき369人、一日の来店者数は約2200人であった。したがって、人形販売員は無人のときの約12倍、人間販売員のときの約3倍の赤飯を販売した。

＊一19　2020年8月31日（月）に関西テレビ「所JAPAN」で放送された。

仕掛け

27

レジ待ち双六

厚生労働省は新型コロナウイルス感染症の拡大を防ぐための基本的な対策として、人と人との間隔は最低1メートル以上空けることを求めていた。しかし、新型コロナウイルスが出現して間もないときは人々の意識がそこまで徹底されておらず、スーパーのレジ待ちの列が密集していた。

そこで、レジ前の床にマス目を並べて双六のようにする仕掛けを考案した。各マスには「2歩進む」「1歩進む」の黄色のマス目に続いて「隕石を発見！　テレビで話題になる！」「流れ星を見た！　願いが叶う」といったメッセージと靴跡がプリントされた赤色のマス目が並んでいるので、指示に従えば2マス空けて立つようになる。

双六があるとつい遊んでみたくなる。2020年7月にスーパーマルサン桶川店に設置したところ、見事にレジ前の列が整然となり密を回避できた。[*20]

＊20　2020年8月31日（月）に関西テレビ「所JAPAN」で放送された。

仕掛け

28

思わせぶりなメッセージ

「万引き防止実験Ⅱ」のカード（上）、「防カメピント調整」のシート（下）

万引き防止策として、万引き防止ポスターの掲示や店内放送、店舗責任者に対する万引き防止対策講習の実施など、日本全国でさまざまな取り組みが行なわれている。これらの対策が功を奏してか万引きの認知件数は減少傾向にあるが、令和元年の万引きの認知件数は9万3812件もあり、依然として社会の大きな問題となっている。

監視カメラを設置すれば一定の抑止効果は期待できる。しかし、設置には費用がかかる上に、死角なく店内を網羅することや監視カメラの映像をチェックし続けることは難しい。

そこで、「万引き防止　実験Ⅱ」と書かれたカード、および「防カメピント調整」と書かれたシートを常滑警察署と一緒に考案した[45]。実際にはカードとシートを設置しただけで、実験Ⅱも防犯カメラのピント調整も行なっていない。「万引き防止　実験Ⅱ」のカードは縦7センチ×横5センチの小さな紙片をラミネート加工したものである。商品棚の値札入れにさりげなく設置することで人々に何かの実験をしていることに気づかせ、万引きをしようとする人を警戒させて犯行を未然に防ぐことを狙っている。

「防カメピント調整」のシートはA４の紙に印刷してラミネート加工したものである。万引き犯の多くは防犯カメラに気づいていないので、防犯カメラのピントの調整に使うものだと思わせて監視カメラに気づいてもらうことを狙っている。

２０２０年9月1日（火）から２０２１年8月31日（火）にかけてベイシアフードセンター常滑店にて仕掛けの効果を検証したところ、年間を通して万引きの被害額が18・４％減少した。この一連の取り組みが認められ、愛知県常滑警察署長から感謝状を頂いたのはよい思い出である。

仕掛け

29

ダミーのマネキン

水族館にきたお客さんのほとんどは解説文を読まない。早く生き物を見たいという衝動に勝る解説文はそうはないだろう。しかし、解説文を読むと生き物の本当の面白さがわかり、生き物の見方や印象ががらっと変わる。

たとえば、ケープペンギンの解説文には、アフリカに住む唯一のペンギンであることや、夫婦の絆が強く一生連れ添うことなどが書かれている。このことを知ってから改めて観察すると、ペアで行動しているペンギンがいることに気づく。

そこで、マネキンにサクラになってもらって解説文を読んでもらう仕掛けを考案した。解説文の近くに、あたかも解説文を読んでいるような親子のマネキンを設置し、さらに子供のマネキンは双眼鏡で解説文を見ているようにした。他者の指差しや視線の先を本能的に追ってしまう共同注意と呼ばれる現象によって、マネキンの視線に誘導され、つい解説文を読んでしまうことを狙った。

また、誰かが足を止めて見ていると思わず自分も見たくなる効果も期待できる。これは、パレードの先頭にいる音楽隊の車（バンドワゴン）になぞらえて、バンドワゴン効果と呼ばれている。

２０２０年10月に池袋のサンシャイン水族館で実験したところ、解説文を読んだ人は、仕掛けがないとき０人、仕掛けがあるとき40人となった。[*21]

＊21　２０２０年11月９日（月）に関西テレビ「所JAPAN」で放送された。

仕掛け

30

クマのおもちゃのついた蛇口

幼稚園の手洗い場は蛇口の閉め忘れが多い。園児は手を洗っている最中に別のことに意識が向いてしまい、手を洗い終わるやいなや蛇口を閉めつつダッシュしてどこかに走り去ってしまうので、水が出っぱなしになる。

そこで、最後まで蛇口に注意が向くように、水を流すとクマが手を振るおもちゃを蛇口につける仕掛けを考案した。手を洗い終わってもクマの動きが止まるまで見続けてくれることで、蛇口の閉め忘れを防ぐことを期待した。

2020年10月に朝霞花の木幼稚園の手洗い場の蛇口につけたところ、園児たちはクマのおもちゃに釘づけになり、水が止まるまでその場を離れなくなったので蛇口の閉め忘れはなくなった。[*22] ただ、クマが動くのが楽しかったためか水を流す時間が長くなってしまったのは誤算であった。

*22　2020年11月9日（月）に関西テレビ「所JAPAN」で放送された。

仕掛け

31

廊下の信号機

一刻も早く遊びたいがために園児は走る。また、園児にとっては走ることそのものも遊びの一つであり、そう簡単に欲求を抑えられるものではない。

そんな園児でも、幼稚園の外に出ると交通ルールはきちんと守る。これは現代社会を生き抜くために身につけた習慣である。

そこで、横断歩道と信号機を使った仕掛けを考案した。2020年10月に朝霞花の木幼稚園の廊下に白いテープを等間隔に貼って横断歩道をつくり、その脇に遠隔操作できる信号機を設置した。[*23] 園長先生が信号機を操作し、走っている子がいたら赤信号に変え、立ち止まったら青に変えるようにした。

その結果、自由時間になると園児は廊下に飛び出してくるが、信号が赤に変わると走っていた園児は期待通り立ち止まってくれた。しかし、信号が青に変わると、よーいどんの合図のごとく一斉に廊下を走るようになってしまった。青は走ってもいいよ、のサインだと解釈されてしまったのは想定外であった。

＊23　2020年11月9日（月）に関西テレビ「所JAPAN」で放送された。

仕掛け

32

マジカルキッチン

ショールームに商品をただ展示するだけでは、お客さんに興味を持ってもらえない。かといってスタッフによる押し売りのようになってしまっては、かえってお客さんは離れていく。

そこで、大阪ガスマーケティング株式会社と一緒に、子供を対象としたインタラクティブな体験型展示「マジカルキッチン」を考案し、大阪ガスのショールームであるハグミュージアムに設置した[46]。

ガスコンロの機能は十数年前から進化し続けている。最新のガスコンロでは、魚を焼くグリル部分に煮物機能や炊飯機能が搭載されているが、商品説明のパネルなどでは伝わりにくいことが課題だった。

マジカルキッチンは魔女のキッチンをイメージした体験型ブースであり、ガスコンロも取りつけられている。魔法陣マットの上に立つと効果音とともに白いカーテンが降りてきて、そこに影絵風のアニメーションが投影される。魔法の杖を振ってスクリーン上に不思議な現象を起こしたり、魔女の女の子を操作して料理をつくったりすることができ、最終的には鍋をグリルに入れてカレーができるストーリーになっている。楽しみながら自然とグリル機能を知ってもらうことを狙った仕掛けである。

２０２０年12月19日（土）、20日（日）、26日（土）、２０２１年1月8日（金）に行なった体験後のアンケート調査により、11名中10名が「グリル」でカレーをつくっていたことを認識していたことがわかった。

仕掛け

33

ペットボトルつぶせるリサイクルBOX

自動販売機の横に設置されている箱は「自動販売機専用空容器リサイクルボックス」であるが、ゴミ箱だと思っている人が多い。一般にタバコの吸い殻やゴミなどの異物混入率は3〜4割に上る。

そこで、株式会社伊藤園が主催したアイデアソン「茶ッカソン」に著者も加わって「ペットボトルつぶせるリサイクルＢＯＸ」を考案した[47]。ペットボトルを投入して足でペダルを踏み込むと、ペットボトルが圧縮されて回収されるという仕掛けである。ペットボトルはキャップがついていたり中身が残っていたりするとうまくつぶせないので、キャップの外れた空のペットボトルが投入されることを期待した。

東京都渋谷区の渋谷キャストのガーデンスペースに２０２０年12月７日（月）から12日（土）までの６日間設置したところ、異物混入割合が２・６％（２６８個中７個）、ペットボトルにキャップがついていたのは０・４％（２６１個中１個）であった。

仕掛け

34

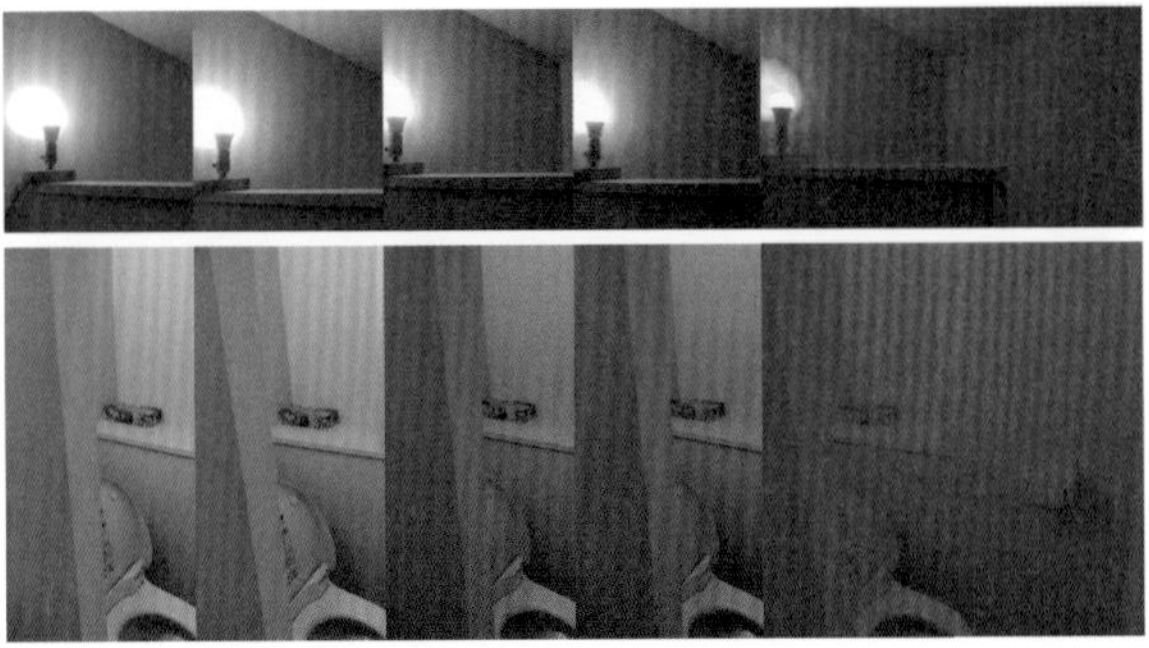

入室　　5分

Sunset Lighting

ちょっとでも隙間時間があるとスマホを見てしまう。トイレにもスマホを持ち込み、用を足し終わってもスマホのきりのいいところまで居座ってしまう。

このような状態が公共のトイレや職場のトイレでも頻繁に起こるので、長時間利用による混雑が問題になっている。ちょっとサボろうとか休憩しようとか昼寝しようと考えている人もいるが、スマホに夢中になって長居している人も多い。

そこで、時間が経過していることを視覚的に伝える仕掛けとして、利用時間に応じて日没のように照明の色が変化する「Sunset Lighting」を当時ゼミ生だった山西康太氏と考案した[48]。色変化の周期は、空気調和・衛生工学会の大便器利用時間調査と医学的観点に基づいて5分に定めた。

2021年1月16日（土）から24日（日）にかけて5つの家庭（計7名）のトイレにSunset Lightingを設置したところ、平均利用時間は仕掛けなし8分14秒、仕掛けあり4分58秒になった。

仕掛け
35

たむけんのサングラス

たむけんのサングラスをかけた著者

芸人たむらけんじの運営する炭火焼肉たむらの「特製ちゃ〜玉ご飯」は、本人のギャグを商品名に冠した唯一の商品であるが不人気メニューであった。

このお店にくる人の多くはたむらけんじに好意的であり、ギャグも知っているだろう。そこで、たむらけんじのギャグの小道具を用いた仕掛けを考案した。[*24]

具体的には、たむらけんじ本人が実際に使用したサングラスを10個用意し、メニューの「特製ちゃ〜玉ご飯」のところに「このメニュー頼んでくれたらたむけんがかけたサングラス貸し出すで！」の吹き出しを追加した。そのサングラスをかけてギャグのマネをしたり写真を撮ったりしたいと思う人は、その商品を注文してくれることを期待した。

2021年3月に炭火焼肉たむらのおキューズモール店でこの仕掛けを実施したところ、「特製ちゃ〜玉ご飯」の一週間の売上が6倍になった。

＊24　2021年3月21日（日）に読売テレビ「大阪ほんわかテレビ特別編」で放送された。

仕掛け

36

ワライカワセミの鳴き声

長崎バイオパークは、小さな山を切り開いてつくられており、入口から出口までの順路は約2キロメートルある。その順路の終盤の喫茶休憩スペースの奥にワライカワセミが展示されているエリアがあるが、順路から離れている立地のためか歩き疲れるためかスルーされることが多かった。

ワライカワセミは体長約45センチで、人の笑い声のような鳴き声というユニークな特徴がある。そこで、2021年4月3日（土）、25日（日）にワライカワセミのシルエットと笑い声を再生する装置を入れた鳥籠を5個、喫茶休憩スペースからワライカワセミのエリアまでの順路に等間隔に設置した。[*25] ワライカワセミの鳴き声が波打つようにワライカワセミのエリアまで移動し、その鳴き声が気になってつい足を向けてしまうことを期待した。

その結果、ワライカワセミのエリアに行った人は、仕掛けがないときは45％（49人中22人）、仕掛けを設置したときは64％（199人中128人）であった。

*25 2021年6月18日（金）にテレビ新広島「優しい罠、仕掛けました。」で放送された。

仕掛け

37

謎解き花火

晴海埠頭に打ち上がる目の形の花火

「10」を右に倒すと目と眉の形になることから、10月10日は「目の愛護デー」と定められている。

この日に、米国眼科学会議が20分に一回、20秒間、20フィート（約6メートル）先を見て目を休めることを推奨する「20-20-20ルール」を周知するための仕掛けとして、日本アルコン株式会社と一緒に謎解き花火を打ち上げた。新型コロナウイルス感染症対策として密になるのを避けるために、打ち上げ場所や開始時間は伏せたままアナウンスするというサプライズの花火大会であった。

どこからともなく花火の音が聞こえてくれば心が躍り、外に出て花火を確かめたくなる。花火を見ると、目の形や視力検査で使われるランドルト環（アルファベットのCのようなマーク）や「20」の文字が現れる。謎めいていて気になるので調べると20-20-20ルールにたどりつき、目の健康に意識を向けることを期待した。

2021年10月10日（日）は千葉県印西市、2022年10月10日（月）は東京都晴海エリアの海上にて打ち上げた。どれくらいの人に見てもらえたのかはわからないが、見た人の記憶に残る仕掛けであった。

仕掛け

38

手挽きのコーヒーミル

２００５年に放送されたテレビドラマ「優しい時間」に、自分で挽いた豆でコーヒーを淹れてもらえる喫茶店「森の時計」が登場する。お客さんが数ある中から好みのコーヒーミルを選び、カウンターで豆を挽きながらマスターとの会話を楽しむシーンが何度も見られた。

そこで、手挽きのコーヒーミルを設置したコーヒー屋台を当時ゼミ生だった佐々木彩実氏と考案し、会話時間に及ぼす影響を検証した[49]。

２０２１年10月26日（火）、11月19日（金）の午後に大阪大学新箕面キャンパスの3階ピロティにコーヒー屋台を設置し、お客さんが来店してからコーヒーができるまでの音声をボイスレコーダーで記録した。その結果、会話の占める割合が50％を超えたのは、お客さんが自分でコーヒー豆を手挽きしてドリップコーヒーを淹れたときは16組中9組であり、実験者が淹れたコーヒーを提供する場合は12組中3組であった。

仕掛け

39

指差しオブジェ

赤ちゃんは言葉を話し始める前から指差しをするようになる。それくらい指差しはコミュニケーションにとって重要であり、私たちも日々の生活の中で知らず知らずのうちに多用している。その指差しが意外なところにあれば、気になって指の指し示す先を見てしまうに違いない。

そこで、白い手袋の中に針金の芯と綿を詰め、手袋の端に緑色のチェックシャツの袖口をつけた立体的な指差しオブジェを当時ゼミ生だった滝口笙真氏と考案した[50]。

2021年11月30日（火）、12月8日（水）、14日（火）、22日（水）に石橋商店街の掲示板にポスターを指差すように指差しオブジェを設置したところ、ポスターを見た通行人の割合は8・43%（4210人中355人）であった。指差しオブジェの代わりに平面的な指差しのイラストにすると3・95%（4182人中165人）、ポスターだけだと3・58%（4352人中156人）であった。

仕掛け

40

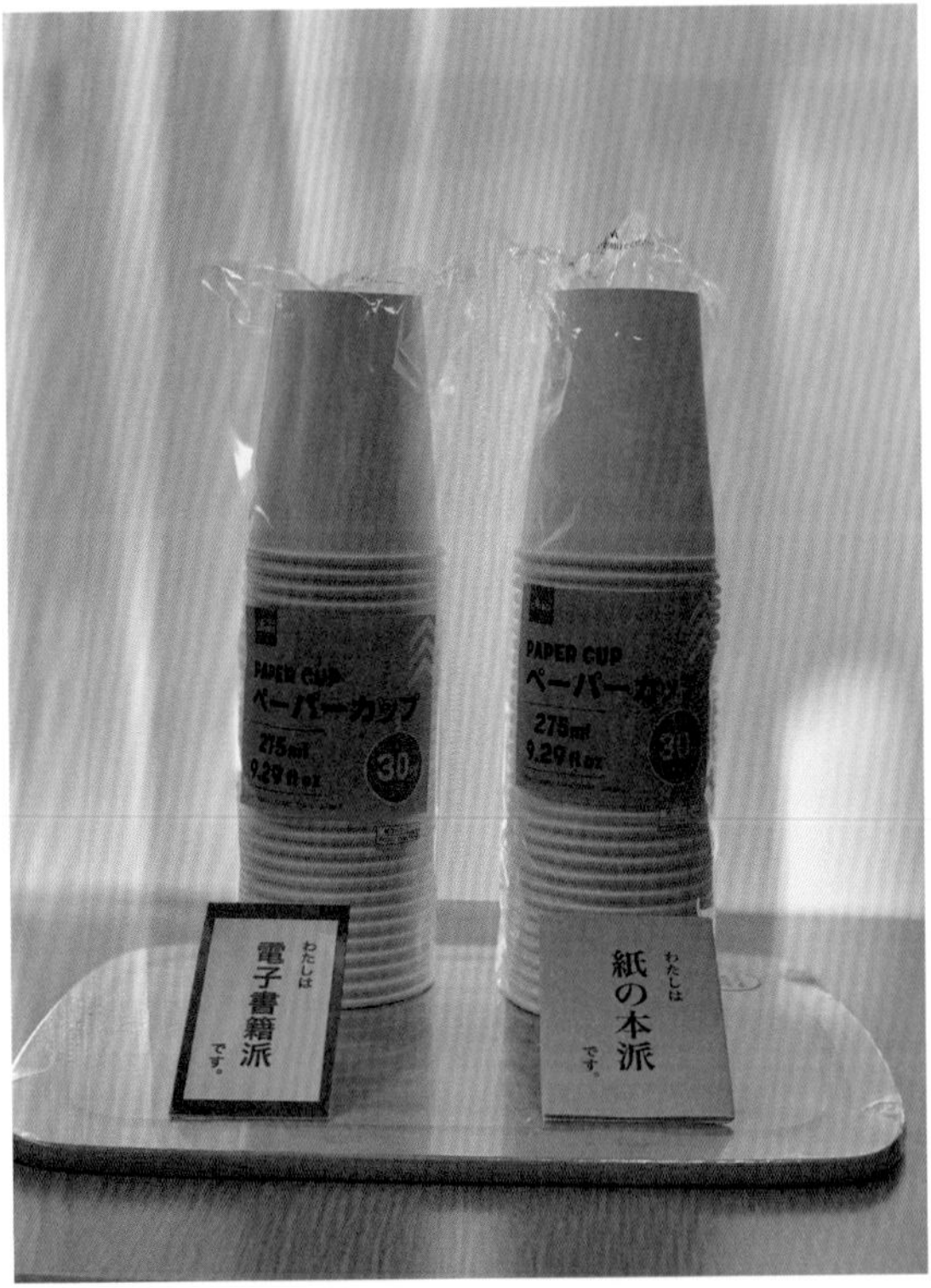

紙コップによる意見表明

都会の街を歩いていると街頭アンケートを見かけることがあるが、調査のテーマに関心を持っている人の意見しか得られないというバイアスがかかる。そこで、調査のテーマに興味がない人からも自然に意見を引き出せる仕掛けを当時ゼミ生だった呂文逸氏と考案した[51]。

２０２１年12月５日（日）に石橋商店街で開催された「おはこ文化祭」に、一杯80円でドリップコーヒーを提供する一日コーヒーショップ「松村珈琲店」を出店した。そこで使う紙コップを２つの山に分けて置き、お客さんにどちらかの紙コップを選んでもらうことで意見を表明してもらうようにした。

紙コップの左右の山に何も選択肢をつけなかったときは、左側から12人、右側から16人が選び、ほぼ左右からランダムに選ばれた。

続いて、読書メディアを対象とし、「わたしは電子書籍派です」と「わたしは紙の本派です」という2つの選択肢を紙コップの左右の山につけた。このとき、紙の本派26人、電子書籍派１人となった。選択肢がついていなかったときとは明らかに異なる結果になり、興味の有無にかかわらず全員から意見を得られた。

また、こちらから明示的に話題を振ることなく、読書メディアについての会話が22件中13件で発生したことから、調査そのものが関心を抱かせるツールにもなった。

仕掛け

41

水やりのできる花壇

大阪市北区南森町にカフェを併設した株式会社コスモスイニシアのマンションギャラリーがあった。[*26] 大通りに面しており、隣がコンビニであることに加え、ギャラリーへのスロープの前に奥行約1・2メートル、横幅約5メートルのスペースがあったので、そこに日々ゴミが捨てられて困っていた。

そのスペースにみかんの木など目につく樹種、成長が早く毎日の水やりが欠かせない15種類のハーブなどを植えたプランター、水入りのジョウロを置き、近隣住民や前を通りかかる方に水やりをしてもらう仕掛けを設置した。通りすがりの方に植物の成長を感じ、愛着を持ってもらうことでポイ捨てが減ることを期待した。

仕掛け設置前に捨てられたゴミの数は平均28・2個（2021年6月26日［土］〜2022年1月15日［土］）だったが、仕掛け設置後は平均9・8個（2022年1月22日［土］〜9月10日［土］）になった。

*—26 マンションの完売にともない、2023年4月10日に閉鎖した。

仕掛け

42

キャプテンBOX

著者が小学生のとき、給食の牛乳瓶のキャップをひっくり返す遊びが広まると、それまで捨てていた牛乳キャップが貴重なアイテムになった。

この経験から着想を得て、東洋製罐グループと一緒に「キャプテンBOX」を考案した。十円玉を弾いてゴールに入れる「新幹線ゲーム」をペットボトルのキャップでもできるようにしたものである。キャプテンBOXの名前は「キャップ」で「テン」を決める回収箱（BOX）からきている。

キャプテンBOXを前にすると、ペットボトルのキャップは貴重なアイテムになる。本人は遊びに夢中になっているだけだが、結果的にキャップの分別回収につながることを期待した。

2022年5月から鹿島アントラーズつくばアカデミーセンターに常設されており、アカデミー生に親しまれている。

仕掛け

43

歩きスマホ対策総選挙

目のついているポスターがあると誰かに見られている気がして、ルールや社会的規範から逸脱した行動を取りにくくなることが知られている。もし、ポスターと目が合うのなら、その効果はなおさらであろう。

そこで、ずっと目が合っているように錯覚[*27]するマスクを5人分製作し、それを選挙ポスター掲示板に貼りつけた「歩きスマホ対策総選挙」をゼミ生の二川侑磨氏と考案した[52]。架空の各候補者は歩きスマホ防止を訴えているので、それを見た人は歩きスマホをためらうことを期待した仕掛けである。

JR尼崎駅前のコンコースにマスクポスターを2022年9月28日(水)から10月11日(火)の二週間設置した。比較対象としてマスクの代わりに顔写真を用いた一般的なポスターを2022年10月19日(水)から11月1日(火)の二週間設置して効果を検証した。

その結果、2秒以上ポスターを見た人の割合は、マスクポスターは23・7%

＊27　ホロウマスク錯視を利用した。

（5万7480人中1万3635人）、一般ポスターは13・4％（6万64人中8063人）であった。ポスターを見て歩きスマホをやめた人の割合は、マスクポスターは43・0％（300人中129人）、一般ポスターは12・4％（380人中47人）であった。

ただ、歩きスマホをしている人がポスターに気づく割合は、マスクポスターと一般ポスターに有意な差は見られなかったことから、歩きスマホの誘引力の強さを再認識する結果となった。

仕掛け

44

巻きチラシ置き配り

チラシはただ置くだけではほとんど持ち帰ってもらえない。著者はこれまで鏡（仕掛け25、153ページ）やカプセルトイ（仕掛け21、141ページ）、みくじ筒、着ぐるみ、マジックハンド（仕掛け24、150ページ）を使って配布したり、チラシを折るとメッセージが現れる暗号チラシ、イラストロジックを解くとQRコードが現れる暗号チラシについて検証してきた。

今回は、遊び心よりもチラシを取るときの面倒くささを軽減することに着目し、棒状に巻いたチラシを立てて置く「巻きチラシ置き配り」の仕掛けをゼミ生の陳薇氏と考案し、大阪大学豊中キャンパスの阪大坂で検証した[53]。

巻きチラシ置き配りは、チラシを丸める手間はかかるけれど、それ以外のコストはかからず、どのようなチラシにも使える汎用的な方法である。

まず、普通にチラシを置いたときの配布率を検証するために、2022年12月22日（木）にチラシをマグネットで挟んで置く「マグネット挟み置き配り」を行なった。その結果、通行人410人のうち、チラシに気づいた人は21人、チラシを持ち帰った人は0人であり、配布率0％であった。

つぎに、２０２３年1月23日（月）、24日（火）に巻きチラシ置き配りを行なった。両日とも午前11時に30枚設置し、午後８時にチラシの残数を測定した。その結果、設置した60枚のうち54枚が持ち帰られ、配布率90％という結果になった。

仕掛け

45

光学迷彩型喫煙所

２０２０年4月に施行された改正健康増進法により、所定の基準を満たさない喫煙所が撤去された。また、新型コロナウイルス感染症の感染防止のため、人数制限がかかるようにもなった。これらの影響で、喫煙所の外にはみ出して喫煙する人やポイ捨てをするといったマナーを守らない人がいることが問題となっている。

そこで、ＪＴ（日本たばこ産業株式会社）、株式会社船場、we+と一緒に、数十本のステンレスミラーの柱で囲むように喫煙所を作ることで周囲の景色に溶け込む光学迷彩型喫煙所を考案した[54]。

景色に溶け込むといっても完璧に消えるわけではなく、そこだけモザイクがかかったかのような不思議な空間になる。そうなると、通りすぎる人も気になってつい見てしまうだろう。はみ出し喫煙している人は周囲の注目を集めるので、マナーよく振舞うようになることを期待した。また、喫煙所の中に入るとステンレスミラーに映った自分の姿も目に入ってくるので、自分の立ち居振る舞いにも意識が向くようになり、マナー意識の向上も期待できる。

ＪＲ大阪駅から徒歩７分のうめきた外庭SQUAREに光学迷彩型喫煙所を設置し、２０２２年12月24日（土）から２０２３年３月５日（日）まで一般公開した。光学迷彩型喫煙所による行動変容や期待便益、利用意向、社会受容、肯定感についてのオンライン調査を行なったところ、たばこを吸う人のマナー向上が期待できる結果が得られた。

おわりに

「仕掛け」という仕掛け

Rebecca Blackのデビュー曲「Friday」が史上最悪の曲と評されていたにもかかわらず大ブレイクし、2011年に最もYouTubeで再生された曲になった。大ブレイクした理由は諸説あるが、YouTubeの"Rebecca Black"の検索数が毎週金曜日にピークになっていたことから、毎週金曜日がくるたびに「Friday」の曲が想起され、それが再生回数の増えるきっかけになったと考えられている[55]。

このような言葉は、「あたり前田のクラッカー」「OK牧場」「余裕のよっちゃん」など日本にもいろいろある。日常的によく使う「当たり前」「OK」「余裕」という言葉と結びついているので、口にした瞬間にこれらのフレーズが想起され、つい使ってしまう。その結果、社会に定着したと考えられる。

これと同様のことが「仕掛け」という言葉でも起こると考えている。仕掛けは名詞だが「仕掛ける」だと動詞にもなるし、日常的によく使われる便利な言葉である。したがって、仕掛学のことを全く意識していないときでも仕掛けという言葉が口をついて出てくることはよくある。そのときに仕掛けという言葉が仕掛学を想起するきっかけになって社会に定着することを狙っている。

仕掛けと文化

近頃コンビニエンスストアのレジ前や駅のプラットホームで靴跡が列をなしている仕掛けや、男性用小便器につけられた的《まと》の仕掛けをよく見かけるようになった。このような真似のしやすい仕掛けを社会で目にする機会は今後も増えていくだろう。

新しい技術は、社会に定着して人々にとって当たり前になると認識されなくなる。昔の電化製品には一時期「マイコン」を使っていることが謳われていた。マイコンは今でもほとんどの電子機器に使われているが、言及されなくなって久しい。最近では炊飯器や洗濯機、掃除ロボットなどに「人工知能」という言葉が盛んに使われているが、10年後にはそれも影を潜めるだろう。わざわざ言及するのはそれが最先端であることをアピールするためなので、最先端でなくなれば言及されなくなる。

仕掛けも同様に、社会に定着して当たり前になると「仕掛け」とは認識されなくなるだろう。数十年後か数百年後かはわからないが、仕掛けがわざわざ言及されなくなったときが仕掛けが世の中の隅々にまで行き渡ったときである。

人々が仕掛けについて言及しなくなったとき、仕掛けの考え方はどのような形で社会に残るのだろうか。オランダの文化史学者ヨハン・ホイジンガは文化は遊びの中から生まれると提唱し、遊びの持つルールや秩序が文化に発展することをさまざまな観点から検証した[56]。仕掛けにおいても、遊び心から生まれる仕掛けやその考え方が人々の間に定着し、文化として発展する可能性があると考えている。仕掛けが文化として残ることが著者が密かに抱いている野望である。

2023年9月

松村真宏

参考文献

[1] 松村真宏（2016）『仕掛学——人を動かすアイデアのつくり方』東洋経済新報社

[2] Naohiro Matsumura, Renate Fruchter, and Larry Leifer（2015）"Shikakeology: Designing Ttriggers for Behavior Change," *AI & Society*, 30(4): 419–429.

[3] Daniel Kahneman, Jack L. Knetsch, and Richard H. Thaler（1991）"Anomalies: The Endowment Effect, Loss Aversion, and Status Quo Bias," *Journal of Economic Perspectives*, 5(1): 193–206.

[4] 板谷祥奈、竹内穂波、松村真宏（2018）「『ひじでつく』ナッジ、『そそる』仕掛け」第3回仕掛学研究会

[5] 松村真宏、Tadahiro Inoue（2017）「仕掛けのWearIN/OUT効果について」2017年度人工知能学会全国大会（第31回）

[6] B. F. Skinner（1938）*The Behavior of Organisms: An Experimental Analysis*, NY: Appleton-Century.

[7] セオドア・レビット（1971）『マーケティング発想法』土岐坤訳、ダイヤモンド社

[8] Gerald J. S. Wilde（1982）"The Theory of Risk Homeostasis: Implications for Safety and Health," *Risk Analysis*, 2(4): 209–225.

[9] James O. Prochaska（2020）"Transtheoretical Model of Behavior Change," Gellman, M.D.（eds）*Encyclopedia of Behavioral Medicine*, Cham（Switzerland）: Springer.（https://doi.org/10.1007/978-3-030-39903-0_70）

[10] Richard H. Thaler and Cass R. Sunstein（2009）***Nudge: Improving Decisions About Health*, *Wealth, and Happiness***, London: Penguin Books.（リチャード・セイラー、キャス・サンスティーン［2009］『実践行動経済学――健康、富、幸福への聡明な選択』遠藤真美訳、日経BP）

[11] Eric J. Johnson and Daniel Goldstein（2003）“Do Defaults Save Lives?,” ***Science***, 302（5649）: 1338–1339.

[12] 中部管区警察局岐阜県情報通信部、関東管区警察局静岡県情報通信部（2019）「オプトアウト方式による休暇取得の促進」行動経済学会第13回大会「ベストナッジ賞」

[13]「ポイ捨て禁止看板置いたのに　京都、翌日にはごみ散乱」『朝日新聞（大阪）』夕刊、8ページ（2017年7月8日）

[14] Kees Keizer, Siegwart Lindenberg, and Linda Steg（2008）“The Spreading of Disorder,” ***Science***, 322(5908): 1681–1685.

[15] 杉山尚子、島宗理、佐藤方哉、リチャード・W・マロット、マリア・E・マロット（1998）『行動分析学入門』産業図書

[16]「路地裏に花→空き巣減る　杉並区、被害4分の1に　世話、観賞…『監視の目』」『読売新聞』夕刊、15ページ（2009年6月6日）

[17] 日本版ナッジ・ユニットBEST（2020）「ナッジ等の行動インサイトの活用に関わる倫理チェックリスト①調査・研究編」（http://www.env.go.jp/earth/ondanka/nudge/renrakukai16/mat_01.pdf）

[18] OECD（2019）“Tools and Ethics for Applied Behavioural Insights: The BASIC Toolkit.”（https://www.oecd.org/gov/regulatory-policy/BASIC-Toolkit-web.pdf）

[19] ジェームス・W・ヤング（１９８８）『アイデアのつくり方』今井茂雄訳、ＣＣＣメディアハウス

[20] Phillippa Lally, Cornelia H. M. van Jaarsveld, Henry W. W. Potts, and Jane Wardle（2010）“How Are Habits Formed: Modelling Habit Formation in The Real World,” ***European Journal of Social Psychology***, 40(6): 998–1009.

[21] Keith E. Stanovich and Richard F. West（2000）“Individual Differences in Reasoning: Implications for the Rationality Debate,” ***Behavioral and Brain Science***, 23(5): 645–665.

[22] Edward L. Deci（1975）***Intrinsic Motivation***, NY: Plenum Press.（Ｅ・Ｌ・デシ［１９８０］『内発的動機づけ——実験社会心理学的アプローチ』安藤延男・石田梅男訳、誠信書房）

[23] 田縁正明、松村真宏（２０１６）「指向性スピーカーを用いた歩きスマホ防止策『おしゃべりスマホ』」情報処理学会第39回エンタテインメントコンピューティング研究発表会

[24] Naohiro Matsumura and Shinsuke Ito（2018）“Enhancing Hand Washing Behavior by Shikake-based Approach, Poster,” Centre for Behaviour Change（CBC）Conference 2018.

[25] 板谷祥奈、張凌雲、松村真宏（２０１７）「仕掛けによる試食促進の試み」２０１７年度人工知能学会全国大会（第31回）

[26] 河野元希、松村真宏（２０１８）「オブジェ設置による空間の賑わい創出」第３回仕掛学研究会

[27] 松村真宏（２０１８）「自動紙飛行機折り機を用いたアンケートに答えたくなる仕掛け」第５回仕掛学研究会

[28] 松井壮太、松村真宏（２０１９）「罪悪感に訴えかけるアンケートが傘の盗難防止に及ぼす効果の検討」２０１９年度人工知能学会全国大会（第33回）

[29] 森井大一、松村真宏（２０１９）「真実の口を模した仕掛けによる病院来訪者の手指衛生行動への介入」第６回仕掛学研究会

[30] Tomoko Sakihama, Hitoshi Honda, Sanjay Saint, Karen E. Fowler, Taro Shimizu, Toru Kamiya, Yumiko Sato, Soichi Arakawa, Jong Ja Lee, Kentaro Iwata, Mutsuko Mihashi, and Yasuharu Tokuda (2016) "Hand Hygiene Adherence Among Health Care Workers at Japanese Hospitals: A Multicenter Observational Study in Japan," *Journal of Patient Safety*, 12(1): 11–17.

[31] 木村友哉、松村真宏（２０２０）「スカイダンサーつきゴミ箱によるポイ捨て防止」２０２０年度人工知能学会全国大会（第34回）

[32] 山根大路、松村真宏（２０１９）「見えざる人の存在を想起させる仕掛けによるポイ捨て抑止実験」第６回仕掛学研究会

[33] 村井翔、松村真宏（２０１８）「規範と監視を訴求したポイ捨て抑止実験」第３回仕掛学研究会

[34] 松村真宏、山田佑香（２０２１）「真実の口型手指消毒器による手指消毒行動の習慣形成の試み」第10回仕掛学研究会

[35] 大西日菜子、松村真宏（２０２０）「鏡を用いた標識による歩きスマホ抑制効果の検討」第８回仕掛学研究会

[36] Aoi Nishiuchi, Haruna Morita, and Naohiro Matsumura (2019) "Candy-Package Envelopes to Prompt Handwritten Letters," TAAI2019（第7回仕掛学研究会）, Kaohsiung, Taiwan.

[37] Eito Fukugami and Naohiro Matsumura (2019) "The Effect of Using a Mirror to Evoke Self-Consciousness in Bicycle Riding Suppression," TAAI2019（第７回仕掛学研究会）, Kaohsiung, Taiwan.

[38] 松村真宏（２０１６）「シカケコンテスト投稿作品におけるシカケの構成要素の分析」情報処理学会第39回エンタテインメントコンピューティング研究発表会

[39] 飯島玲生、中津壮人、藤﨑広子、前山恵士郎、村松真衣、岩根紳治、矢田ともみ、山根承子、池内祥見、松村真宏、江口有一郎（2018）「社会課題解決型インターカレッジ教育プログラムの開発――『あまり歩かないライフスタイル』への仕掛学的アプローチ」第34回日本教育工学会全国大会
[40] 武内雅俊、松村真宏（2020）『大阪環状線総選挙』――駅のエスカレーター混雑緩和のための仕掛け」第9回仕掛学研究会
[41] 吉岡修志、平康慶浩、松村真宏（2020）「カプセルトイによる仕掛けが社員行動に及ぼす影響」第8回仕掛学研究会
[42] 小林製薬「トイレモンスターズ　小学校のトイレを快適にするプロジェクト」（https://www.kobayashi.co.jp/toilet-kaiteki/project/toilet-monsters/）
[43] 堀颯流、松村真宏（2020）「ボタン付きポスターが注視時間に及ぼす影響」第8回仕掛学研究会
[44] 松村真宏（2020）「対人距離に配慮した街頭配布の仕掛け」第9回仕掛学研究会
[45] 松村真宏（2022）「思わせぶりなメッセージによる万引き防止の試み」第12回仕掛学研究会
[46] 田中琴子、山田佑香、松村真宏（2021）「マジカルキッチン――体験型展示を通した能動的な気づきの誘発」第10回仕掛学研究会
[47] 金井菜々美（2021）『ペットボトルつぶせるリサイクルBOX』――捨てる行動を誘引し、資源を回収する仕掛け」第10回仕掛学研究会
[48] 山西康太、松村真宏（2021）「Sunset Lighting――トイレの長時間利用を減らす仕掛け」第10回仕掛学研究会
[49] 佐々木彩実、松村真宏（2022）「コーヒーミルが人のコミュニケーションに及ぼす影響」第12回仕掛学研究会

[50] 滝口笙真、松村真宏（2022）「指差しを模したオブジェがポスターの視認率に与える影響」第12回仕掛学研究会
[51] 呂文逸、松村真宏（2022）「紙コップを用いた意見表明とコミュニケーション促進の仕掛け」第12回仕掛学研究会
[52] 二川侑磨、松村真宏（2023）「歩きスマホ防止のための目が合う選挙ポスターによる歩きスマホ抑制の試み」第13回仕掛学研究会
[53] 陳薇、松村真宏（2023）「巻きチラシ置き配りの仕掛け」第13回仕掛学研究会
[54] 松村真宏（2023）「喫煙マナー向上のための光学迷彩型喫煙所」第13回仕掛学研究会
[55] Jonah Berger（2013）*Contagious: Why Things Catch On*, NY: Simon & Schuster.
[56] ホイジンガ（1971）『ホイジンガ選集1　ホモ・ルーデンス』里見元一郎訳、河出書房新社

写真クレジット

ポイ捨て禁止の看板(写真提供:鴨川を美しくする会)
いたずらされた小さな鳥居(写真提供:村井翔)
チョークで描いた魔法陣(写真提供:椿誠也)
仕掛け1　バスケットゴールのついたゴミ箱(著者撮影)
仕掛け2　おしゃべりスマホ(写真提供:田縁正明)
仕掛け3　勇気の口(著者撮影)
仕掛け4　試食投票(写真提供:板谷祥奈)
仕掛け5　ボケてコンテスト(写真提供:土井千章)
仕掛け6　手書きのQRコード(写真提供:マキノスミヨ)
仕掛け7　謎解きオブジェ(著者撮影)
仕掛け8　自動紙飛行機折り機(著者撮影)
仕掛け9　罪悪感に訴えかけるアンケート(写真提供:松井壮太)
仕掛け10　真実の口(写真提供:沢村有生)
「トラッキーの口」、「ラッキーの口」、「キー太の口」(写真提供:株式会社阪神タイガース)
仕掛け11　スカイダンサーが現れるゴミ箱(著者撮影)
仕掛け12　日めくりカレンダーのついた小さな鳥居(写真提供:山根大路)
仕掛け13　上司は生き物係(写真提供: 杉田貴幸)
仕掛け14　隠し文字が現れるフォトブース(写真提供:ズノー／ジーワン制作部)
仕掛け15　真実の口(写真提供:大阪ガスマーケティング株式会社)
仕掛け16　指名手配ポスター(写真提供:大西日菜子)
仕掛け17　お菓子封筒(写真提供:森田晴菜)
仕掛け18　カーブミラーのついた立て看板(写真提供:福上瑛豊)
仕掛け19　シカケコンテスト(著者撮影)
仕掛け20　大阪環状線総選挙(著者撮影)
仕掛け21　休憩ガチャ(写真提供:平康慶浩)
仕掛け22　トイレモンスターズ(写真提供:©小林製薬「小学校のトイレを快適にするプロジェクト」)
仕掛け23　間違い探しポスター(写真提供:堀颯流)
仕掛け24　マジックハンド配り(写真提供:加藤宏基)
仕掛け25　鏡配り(写真提供:加藤宏基)
仕掛け26　人形販売員(写真提供:加藤宏基)
仕掛け27　レジ待ち双六(写真提供:加藤宏基)
仕掛け28　思わせぶりなメッセージ(写真提供:中川元宏)
仕掛け29　ダミーのマネキン(写真提供:関西テレビ「所JAPAN」)
仕掛け30　クマのおもちゃのついた蛇口(写真提供:関西テレビ「所JAPAN」)
仕掛け31　廊下の信号機(写真提供:関西テレビ「所JAPAN」)
仕掛け32　マジカルキッチン(写真提供:大阪ガスマーケティング株式会社)
仕掛け33　ペットボトルつぶせるリサイクルBOX(写真提供:齊藤哲哉)
仕掛け34　Sunset Lighting(写真提供:山西康太)
仕掛け35　たむけんのサングラス(著者撮影)
仕掛け36　ワライカワセミの鳴き声(写真提供:上岡大悟)
仕掛け37　謎解き花火(著者撮影)
仕掛け38　手挽きのコーヒーミル(写真提供:佐々木彩実)
仕掛け39　指差しオブジェ(写真提供:滝口笙真)
仕掛け40　紙コップによる意見表明(写真提供:滝口笙真)
仕掛け41　水やりのできる花壇(著者撮影)
仕掛け42　キャプテンBOX(写真提供:東洋製罐グループ)
仕掛け43　歩きスマホ対策総選挙(著者撮影)
仕掛け44　巻きチラシ置き配り(写真提供:陳薇)
仕掛け45　光学迷彩型喫煙所(著者撮影)

【著者紹介】
松村真宏（まつむら　なおひろ）
1975年大阪生まれ。大阪大学基礎工学部卒業。東京大学大学院工学系研究科博士課程修了。博士（工学）。2004年より大阪大学大学院経済学研究科講師、2007年より同大学准教授、2017年より同大学教授、現在に至る。2004年イリノイ大学アーバナ・シャンペーン校客員研究員、2012〜2013年スタンフォード大学客員研究員。趣味は娘たちを応援することと、猫のひじきと遊ぶこと（遊んでもらうこと）。

実践仕掛学
問題解決につながるアイデアのつくり方

2023年12月5日　第1刷発行
2024年3月1日　第3刷発行

著　者――松村真宏
発行者――田北浩章
発行所――東洋経済新報社
〒103-8345　東京都中央区日本橋本石町 1-2-1
電話＝東洋経済コールセンター　03(6386)1040
https://toyokeizai.net/

装　丁…………………松田行正+倉橋弘（マツダオフィス）
本文デザイン・DTP……二ノ宮匡（nixinc）
印　刷…………………図書印刷
編集協力………………パプリカ商店
プロモーション担当……宮久保文子
編集担当………………宮崎奈津子
　Printed in Japan　ISBN 978-4-492-22414-4